DU ZIWEI
FANGTANLU

东吴名家 · 名医系列

杜子威访谈录

马中红　朱庆华　著

东吴名家·名医系列

主　编　田晓明

副主编　马中红　陈　霖

丛书编委会（按姓氏笔画排序）

主　任　侯建全

副主任　田晓明　陈　赞　陈卫昌

委　员　丁春忠　马中红　王海英　方　琪　刘济生

　　　　时玉舫　张婷婷　陆道平　陈　亮　陈　罡

　　　　陈　霖　陈兴昌　范　嵘　周　刚　贲能富

　　　　徐维英　黄玉华　黄恺文　盛惠良　缪丽燕

学术支持

苏州大学东吴智库

苏州科技大学城市发展智库

苏州大学新媒介与青年文化研究中心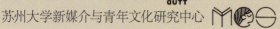

总序

留点念想

田晓明

在以"科学主义"为主要特征且势不可挡的"现代性"推进下,人类灵魂的宁静家园渐渐被时尚、功利和浮躁无情地取代了,其固有的韧性和厚度正日益剥落而变得娇弱浅薄,人们的归属感与幸福感也正逐步消失。在当今中国以"改善社会风气、提高公民素质、实现民族复兴"为主旋律的伟大征程中,"文化研究""文化建设""提升软实力"等极其自然地成为全社会关注的热门话题。作为一名学者,自然不应囿于自己的书斋、沉湎于个人的学术兴趣,而应该为这一伟大的时代做点什么;作为一名现代大学管理者,则更应当拥有这样的使命意识与历史担当。

一

任何"以问题为导向"的研究总是不乏高度的历史价值、使命意识和时代意义,文化研究也不例外。应该说,我对文化问题的关注和兴趣缘起于自身经历的感悟和对本职工作的思考。近年来,我曾在日本、法国、德国、美国等发达国家进行学术交流或工作访问。尽管这些国家彼此之间存在着很大的文化差异,但其优良的国民总体素质给我留下了深刻的印象。2013年5月,我应邀赴台湾地区参加了"2013高等教育国际高阶论坛",这也是我首次台湾之行。尽管此行只有短短一周,但祖国宝岛给我留下了深刻印象:在日常交往中,我不仅深切感受到中华民族的优秀传统在台湾地区被近乎完整地"保留"下来,而且从错落有致甚至有些凌乱的古老街景中"看到"了隐含于其背后的一种持守和一份尊重……于是,我又想起了大陆在中华人民共和国成立之后,人们在剔除封建糟粕的同时,几乎"冷落"甚至放弃了很多优秀的文化传统;在全面汲取苏联"洋经"的同时,也一定程度上失去了我们的文化自主性。"文革"期间,许多优秀传统文化遭受的破坏自不必多言。改革开放以来，随着国门的"打开"，中华大地在演绎经济发展奇迹的同时，中华民族的一些优秀传统却没有得到同步保留或弘扬，极个别的优秀传统甚至还出现了一些沦丧的现象。这便是海外之行和台湾地区之行给我留下的文化反思与心灵震撼！

带着这份反思和震撼，平日里喜欢琢磨的我便开始关注起"文化"及"文化研究"等问题了。从概念看，"文化"似乎是一个人人自明又难以精准定义的名词。在纷繁的相关阐述中，不乏高屋建瓴的宏观描述，也有细致入微的小处说法。可谓仁者见仁，智者见智。文化概念的复杂性也赋予了文化研究所具有的内容丰富性、方法多样性和评价复杂性等特征。黑格尔曾做过这样的比喻：文化好似洋葱头，皮就是肉，肉就是皮，如果将皮一层层剥掉，也就没有了肉。作为"人的生活样式"（梁漱溟语），文化总是有很多显形的"体"，每一种"体"的形式下都负载着隐形的"魂"。我们观察和理解文化，不仅要见其有形之体，更要识其无形之魂。体载魂、魂附体，"魂体统一"便构成了生机勃勃的文化体系。古往今来，世界上各地区、各民族乃至各行各业都形成了自己的文化体系，每一文化体系都是它自己的"魂体统一"。遗憾的是，尽管人们在思想观念上越来越意识到文化的重要性，但在日常生活和社会实践中，"文化"概念被泛化或滥用了，正如人们常说的那样：文化是个筐，什么都能装。

从文化研究现状来看，我认为存在两个方面的问题：一是文化研究面临着"科学主义""工具理性"的挑战和挤压；二是文化研究多是空洞乏力的理论分析、概念思辨，而缺少务实、可行的实践探索。一方面，在"科学主义"泛滥、"工具理性"盛行的当今时代，被称为"硬科学"的科学技术已独占人类文化之鳌头，越来越受到人们的顶礼膜拜。相比之下，人文社会科学在人类文化中应有的地位正逐步或已经被边缘化了，其固有的功能正日益被消解或弱化。曾经拥有崇高地位的人文社会科学已风光不再，在喧嚣和浮躁之中，不可避免地陷入了"软"科学的无奈与尴尬。即便是充满理性色彩、拥有批判精神的大学已经意识到并开始重视人文社会科学的教育功能与文化功能，但在严酷的现实语境中，也不得不"违心"地按照所谓客观的、理性的科学技术范式来实施人文社会科学教育管理和研究评价。另一方面，由于文化研究成果多以"概念思辨""理论分析"等形式表达，缺少与现实的联系和对实践的指导，难免给人以"声嘶力竭"或"无病呻吟"之感受。从一定意义上讲，这种苍白、乏力的研究现状加剧了人们视文化为"软"科学的看法。这无疑造成了文化研究和文化建设的困境与尴尬。

从未"离开"过校门的我,此时自然更加关注身陷这一"困境"和"尴尬"旋涡中的大学。大学,不仅是传授知识、探索新知的重要场所,也是人类文化传承与发展的主要阵地。她不仅运用包括人文艺术、社会科学、自然科学等在内的人类文化知识进行有目的、有计划、有步骤的高级人才培养,而且还直接担当着发展、创造与创新人类文化的历史责任。学界一般认为,大学具有人才培养、科学研究和社会服务三大功能。应该说,这样的概括基本涵盖了大学教育的主要任务。但从学理上看似乎还有值得商榷的地方。一方面,从逻辑上看,这三项功能似乎不是同一层次的、并列的要素。因为无论是培养高素质人才,还是产出高质量科研成果,都是大学服务社会的主要方式或手段。如果将社会服务作为单一的大学功能,那么是否隐含着人才培养和科学研究就没有服务社会的导向呢?另一方面,从内涵上看,这三项功能的概括本身就具有"工具化""表面化"的特征,并没有概括大学功能的深层的、本质的内涵。那么,有人会问,大学的本质到底是什么呢?我认为,在归根结底的意义上,大学的本质就在于"文化"——在于文化的传承、文化的启蒙、文化的自觉、文化的自信、文化的创新。因为脱离了文化传承、文化启蒙、文化创新等大学的本质性功能,人才培养、科学研究和社会服务都会成为无源之水、无本之木,而大学的运行就容易被视作简单传递知识和技能的工具化活动。从这一意义上说,大学文化建设在民族文化乃至人类文化传承、创新中拥有不可替代的重要地位甚至主要地位。换言之,传承、创新人类文化应该是大学的历史使命与责任担当。

如果说,大学的本质在于文化传承、文化启蒙、文化自觉、文化自信和文化创新,那么,大学管理者的主要职责之一便是对文化的"抢救""保护""挖掘"。这是现代大学校长应具有的文化忧患意识和责任感。言及大学文化,现实中的人们总是习惯地联想起"校园文化",显然这是对大学本质的误解甚至曲解。一直以来,我坚持主张加强"文化校园"建设。"校园文化"与"文化校园",不是简单的文字变换游戏,个中其实蕴含着本质的差异。面对"文化"这一容易接受却又难以理解的概念,人们总是无法清晰明快地表达"文化是什么",有人曾经做过比较详细的统计,有关文化的定义多达两百多种。既然人们很难定义"文化"的概念,或者说很难回答"文化是什么",我们不妨转换一下视角,抑或可以相对轻松地回答"什么是文化""什么是没有文化""什么是文化缺失"等问题。我所理解的大学文化，在于她的课上和课下，在于她的历史与现实，在于她的一楼一宇、一草一木、一砖一瓦、一人一事……她可能是大学制度文化的表达，可能是大学精神文化的彰显，也可能是大学物质文化的呈现。具体而言，校徽、校旗、校训等标识的设计与使用是文化校园建设的体现，而创建大学博物馆、书画院、名人雕塑等，则无疑是大学文化名片的塑造。我曾发起和主持大学博物馆（即苏州大学博物馆）的筹建工作，这一"痛并快乐"的工作，让我感慨万千。面对这一靓丽的大学文化名片，我似乎应该感到一种欣慰、自豪和骄傲。然而，在经历这一"痛并快乐"的过程之后，我却拥有了另一番感受：在大学博物馆所展示的一份份或一块块残缺不全的"历史碎片"面前，真正拥有高度文化自觉或自信的大学管理者，其内心深处所拥有的其实并不是浅薄的欣慰和自豪，而是一种深深的遗憾、苦苦的焦虑和淡淡的无奈！我无意责怪或埋怨我们的前人，我们似乎也没有太多的时间和精力去责怪、埋怨，因为还有很多很多事情需要我们去落实、来实现，从而给后人多留下一点点念想，少留下同样的遗憾。

　　这不是故作矫情，也不是无病呻吟，只有亲身经历者，方能拥有如此宝贵的紧迫感。这种深怀忧虑的紧迫感，实在是源于一种更深的文化理解！确实，文化的功能不仅在于"守望"，更在于"引领"，这种引领既是对传统精华的执着坚守、对现实不足的无情批判，也是对美好未来的理想而又不失理性的憧憬。换言之，文化的引领功能不仅意味着对精神家园的守望，也意味着对现实存在的超越。尽管本人并没有宏阔博大的思想境界、济世经国的理想抱负、腾天潜渊的百炼雄才，但在内心深处，我却始终拥有一种朴实而执着的想法：人生在世，"必须做点什么""必须做成点什么"；如是，方能"仰俯无愧天地，环顾不负亲友"。然而，正所谓"前途是光明的，道路是曲折的"，对于任何富有价值和意义的事情而言，"想法"变成"现实"的过程从来都不可能一帆风顺。在当下社会，"文化校园建设"则更是"自找苦吃"！

二

　　人生有趣的是，这一路走来，总有一些"臭味相投"的"自找苦吃"者与你同行！

　　2013年，我兼任艺术学院院长。在一次闲聊中，我不经意间流露出这一久埋心底的想法，随即获得了马中红、陈霖两位教授及其团队成员的积极响应。也许是闲聊场景的诱发，如此宏远计划的启动便从艺术学院"起步"了！其实，选定艺术学院作为起始,我内心深处还有两点考量:一是"万事开头难"。既然事情缘起于我的主张和倡议,"从我做起"似乎也就成了一种自然选择。事实上,我愿意也必须做一次"难人"。二是我强烈地感到时不我待,希望各个学院能够积极、主动地加入"抢救""保护""挖掘"文化的行列。尽管从本质上讲这是一种历史责任,但在纷繁的现实面前,这项工作似乎更接近于一种"义务"或"兴趣",因此,作为分管文科院系的副校长,我不能对院长们有更多的硬性要求。于是,我想,作为艺术学院院长,我可以选择"从我做起",其示范和引领作用可能比苍白的语言或"行政命令"更为有力、更富成效。

当然,选择艺术学院作为"东吴名家"系列开端的根本想法,还是来自我们团队对"艺术"发自内心的热爱!因为,在我们古老的汉字中,"藝"字包含了亲近土地、培育植物、腾云而出的意思。这也昭示了艺术的本性:艺术来源于生活,但必须超越生活。或许也正因为艺术这样的本性,人们对艺术的反应可能有两种偏离的情形:艺术距我们如此之近,以致习焉不察;艺术离我们如此之远,以致望尘莫及。此时,听一听艺术家们的故事,或许会对艺术本身能够拥有更多、更深的理解。

英国艺术史家贡布里希在其《艺术的故事》开篇中有云:"实际上没有艺术这种东西,只有艺术家而已。"在各种艺术作品的背后,站立着她们的创造者,面对或欣赏这些艺术作品,实际上就是倾听创造她的艺术家,并与艺术家展开对话。这样的倾听与对话超越时空,激发想象,造就了艺术的不朽与神奇。也正是这种不朽与神奇,催生了"东吴名家"的艺术家系列。

最先"接近"的五位艺术家大家都不陌生:梁君午先生,早年在西班牙皇家马德里艺术学院学习深造,深得西方绘画艺术的精髓,融汇古老中国的艺术真谛,是享誉世界的油画大师;张朋川先生,怀抱画家的梦想,走出跨界之路,在美术考古工作和中国艺术史研究中开辟了新的天地,填补了多项空白;华人德先生,道法自然,守望传统,无论是书法艺术,还是书学研究,都臻于至境;杨明义先生,浸淫于江南传统,将透视和景别融进水墨尺幅,开创出水墨江南的新绘画空间;杭鸣时先生,被誉为"当今粉画巨子",以不懈的努力提升了粉画的艺术价值。五位大师的成就举世瞩目,他们的艺术都有着将中国带入世界、将世界融入中国的恢宏气度和博大格局。

五位艺术家因缘际会先后来到已逾百年的东吴学府,各自不同的艺术道路在苏州大学有了交集和交融,这是我们莫大的荣幸。他们带来的是各自艺术创作的历练与理念，艺术人生的传奇与感悟，艺术教育的热情与经验，所有这些无疑是我们应该无比珍惜的宝藏，在这个意义上，"东吴名家·艺术家系列"的编写与制作也可谓一次艺术"收藏"行动。

三

"收藏"行动在继续进行！随着"东吴名家·艺术家系列"的编写与制作告一段落，我便将目光转向了"名医"。这一探寻目光的阶段性聚焦或定格，缘起于本人儿时的梦想和生活经历。我自小在外公与外婆身边生活，身为医生的舅舅和舅妈对我影响巨大。舅舅的敏感和精明、勤奋与敬业，舅妈的才情和灵巧、细腻与矜持，尤其是他们与病人之间交往、交流的互动场景以及医院的氛围，给我幼小的心灵烙上了深深印记。应该说，舅舅和舅妈身上所折射出来的医生职业操守和人格魅力，不仅是我人生启蒙的绝好养分——"随风潜入夜，润物细无声"地滋养、熏陶着我的成长，而且也渐渐成为我的生活习惯和样态，进而萌生出人生的愿望与梦想——我想成为一名让人尊敬的白衣天使或人民教师！

儿时的梦想，总是比较简洁和朴素，有时还十分直观和现实。在我的思维积淀中，总有一种抹不去的儿时记忆和认知：医生和教师是人世间最崇高、最善良、最阳光的职业！因为几乎没有哪位医生不想救死扶伤的，也几乎没有哪位教师不想教人成人的。世上可以没有其他职业，但绝不可无医生和教师。这两种职业甚至超越了国界、人种、民族和意识形态等差异，因为任何人都会遭遇到生老病死的拷问，任何人都有接受学校教育的过程，绝大多数人也会面临子女教育问题，等等。因此，渴望成为一名医生或教师，便成为我儿时的梦想！

清楚地记得，我在高考志愿书上清一色填写了"临床医学"专业，但因为班主任私底下递交的一份"定向表"，让我儿时的"医生梦"彻底破灭了。因为这种"阴差阳错"，而今中国大学里多了一名不太优秀的心理学教授，而医院却可能少了一名出色的外科医生。身为大学教授的我，虽然内心偶尔也会流露出"得陇望蜀"的遗憾，但我知道，这是真正的"白日梦想"。"医生"，对我而言，只能成为一种永久的儿时记忆了。也许正是为了弥补这份心理缺憾，我将探寻的目光聚焦或定格于"名医"，便乃是情理中事了。

如果说，"东吴名家·艺术家系列"的编写与制作缘起于本人的文化理解和兼任艺术学院院长的"便利"以及与马中红、陈霖两位教授的"臭味相投"，那么，"东吴名家·名医系列"编写与制作能够成为现实，则是因为我和我的团队又幸运地遇上了一位"同道",他就是侯建全先生!在一次偶然闲聊时,建全兄得知了我内心深处的愿望和设想,他不仅给予高度褒扬,而且主动要求加入并表示全力支持。这真是应验了两句老话:有心栽花花不开,无心插柳柳成荫;踏破铁鞋无觅处,得来全不费工夫。在日常交往中,建全兄给我留下的印象是干练、圆融、义气,而他对医院文化建设的深邃理解与执着精神,以及他能跳出自己的"本位",全方位思考吴地医学文化传承与保护的视野和气度,又使我对他平添一份深深的敬意和尊重。尤其是此间我的工作岗位发生了变动,他依然一如既往地关心、支持此项工作的开展和推进,更是彰显出"同道"的意蕴与价值、友谊的诚挚和珍贵。

拥有了建全兄这样的"同道","收藏"行动进展得异常顺利。我们的笔墨和镜头此次定格与聚焦的几位名医也是大家耳熟能详的:杜子威先生,著名医学教育家、中国现代神经外科学奠基人之一,制定了首个中国人脑脊髓液蛋白电泳的标准值,培养出中国第一株人脑恶性胶质瘤体外细胞系SHG-44,建立了人脑胶质瘤基因文库,在中国脑外科研究和临床方面取得卓越成就。阮长耿院士,被尊为中国的"血小板之父",成功研制了以SZ(苏州)命名的系列单抗,应用于出血与血栓性疾病的基础与临床研究,始终坚持不懈地以学术引领中法交流,以科研点亮生命之光。董天华先生,苏州骨科医学的开创者和奠基人,江苏省医学终身成就奖获得者,学医、行医、传医七十余载,德术并举、泽被后学、仁者情怀、大家风范。蒋文平先生在六十多年的行医生涯中,在我国心脏电生理领域里倾注汗水和心血,贡献智慧和才能,是一位不畏艰难险阻和不知疲倦的探索者、创新者、开拓者。唐天驷先生是我国著名的骨外科专家,两次获得国家科学技术进步二等奖;他主持的"脊柱后路经椎弓根内固定"研究,被誉为我国脊柱外科的一大"里程碑",铸就了脊柱内固定的"金标准";虽到望九之年,他仍然工作在第一线,用高超的医术,帮助无数病人"站稳了身板""挺直了腰杆"。陈易人先生,是苏州乃至江苏全省的知名外科专家,曾经是省内医学界外科医学的领头羊之一;半个多世纪以来,他无私奉献,不计名利,坚持奋战在手术台旁,为千万个患者解除病痛;他还通过努力,和同事们一起把苏州大学附属第一医院的外科诊疗提升到省内一流水平。华润龄先生从医半个多世纪,学养深厚,内外兼修;他上承吴门医派著名老中医奚凤霖和陈松龄两位先生医脉,秉循吴地优秀传统文化的传袭,理法方药,思路清晰,用药轻简,救人无数,在中医业界和患者当中树立了良好的口碑,是当代吴门医派的杰出传承人和代表医家之一。李英杰先生,国家级非物质文化遗产项目指定传承人,潜心于六神丸技艺,一颗匠心守护绝密国药,将手工微丸技术代代相承,被誉为当代"中医药八大家"之一。

············

"收藏"行动将继续进行。随着"同行者"的不断加盟,"东吴名家"(百人系列)将在不远的将来"梦想成真"!为了这一美好梦想,为了我们的历史担当,也为了给后人多留点念想、少留点遗憾,让我们携起手来……

序

自古姑苏繁华地，不仅仅体现在经济与文化的长足发展，而且在中医领域也形成了著名的吴门医派。吴门医派作为传统中医体系，形成了一大批著名医家，且世代相传，比如绵延约八百年的郑氏妇科。吴门医派中名医多御医，由于医术高明，声名远播，仅明代姑苏籍御医就有七十多位。吴门医派为苏州人的繁衍生息和健康生存做出了卓越的贡献，也为传统中医文化的传承和发展贡献了苏州智慧。"东吴名家·名医系列"选择了华润龄先生和李英杰先生作为当代苏州吴门医派与中医制药工艺的代表人物，可谓实至名归。

历史上的东吴医派在当代通过名医传播、名药制作、名馆开设以及中医文化的现代化建设而得到发扬光大。与东吴医派并驾齐驱的是苏州日益崛起的现代医学和医疗。苏州大学附属第一医院，是国内具有影响力的知名三甲医院，多年来，在中国最佳医院排行榜中名列前50强，在中国地级城市医院100强排行榜中雄踞榜首。百年老字号医院，已然浓缩为医学领域的一笔宝贵财富，其重要原因之一，是它拥有一支实力雄厚的名医队伍。一所医院在民众中的口碑和信誉，很大程度上是凭借这些名医来创造的。在长期对医院的管理中，我始终不渝地坚持这一条，培养名医、建设名医队伍不动摇，这是医院建设和发展的硬道理。

名医不是天上掉下来的，名医荟萃的局面也不是朝夕之间就能形成的，其中，医生队伍建设至关重要。作为一所三甲医院，医生队伍是呈宝塔型结构的。名医是宝塔尖上的独领风骚者，他们也是从医生、从良医中脱颖而出的。对于医生队伍建设来说，我们的兴奋点和关注点，一是人才，二还是人才，三依然是人才。具体来说，一手抓名医队伍的建设，他们是医院的标杆、品牌，让他们带领团队，培养学生，充分发挥引领作用，提高医生队伍的整体水平。另一手抓青年医生的培养,这也离不开名医,以名医为师,从中发现人才。一旦发现可塑之才,就严格要求,压担子,创造各种条件,使他们成为名医。尊重名医、爱护名医、宣传名医,始终是医院工作的重中之重。作为医院的文化建设,整理和发扬名医的品德与精神,在当前显得非常迫切,这也是具体落实党中央的"把跨越时空、超越国界、富有永恒魅力、具有当代价值的文化精神弘扬起来"的指示。阮长耿、董天华、唐天驷、蒋文平、杜子威、陈易人六位名医的访谈正是在这样的背景下诞生的,是苏大附一院医院文化建设的又一重大成果。

一代代名医是医院文化的积淀,是苏州古今中外医学思想和精神的承继与传扬!"东吴名家·名医系列"所选八位名医虽然分属不同专业学科,但是他们有这样一些共性:

第一,医者仁心,他们都有崇高的医德。百年传承,使苏州有了"吴门医派"的金字招牌,也使苏大附一院积淀了"博习创新,厚德厚生"的文化底蕴。"厚德厚生"使医院百年来形成了"为患者、爱患者"的绿色医疗生态环境。这些名医用毕生的实践,诠释和丰富了"厚德厚生"的内涵。以德为上,为民服务,才不愧为真正的名医。董天华教授一直信奉"医德医术是一个医生的生命",创造性地研究出将"美多巴"应用于治疗早期非创伤性股骨头坏死的新思路。几十年来,董教授淡泊名利、廉洁行医,收到病人的锦旗和表扬信不计其数,从未收受过病人的红包。他经常教诲年轻医生,要做好一名医生,首先要做一个品行端正的人,对待患者要有一颗仁慈的心,在诊治病人的时候,要时刻设身处地为病人的病情着想。慕名而来的患者除了仰慕他妙手回春的精湛医术,感恩他朴实善良的医者仁心外,更敬重他高尚的医德。华润龄先生秉持中医传统正道,妙手仁心,待患以诚,致力于中医领域的开掘,其学养、医术和医德得到业内同行和众多患者的嘉许,是一位有口皆碑的吴门儒医。

第二,大医精诚,他们以精湛的医术名扬天下,受到无数患者的爱戴。桃李不言,下自成蹊。名医活在广大民众的口碑中。他们敬业,痴迷于自己的理想,在长期行医过程中,不断总结,不断前进,最终登上自己事业的顶峰。陈易人教授,是我们外科的著名专家,一生兢兢业业,克己奉公,不计个人名利,用手术刀为千万个患者解除病痛,也把苏大附一院的外科诊疗提升到了省内一流水平。蒋文平教授,植入了中国第一例与第二例自动心脏起搏复律除颤器,从直流电消融到射频消融治疗心动过速,蒋主任参与了中国在该领域的起步性研究,接二连三地开创"中国首例",在治疗心律失常方面立下了赫赫战功。脊柱外科医生是高技术、高风险的职业，稍有失误，病人就可能终身残疾。唐天驷教授作为一名医生，最大的快乐就是为病人解除痛苦，精湛的技艺是他毕生的追求，他一直坚持重视每一个手术细节，创下了数千例脊柱手术无瘫痪、无严重并发症的纪录。20世纪80年代，他主持的"脊柱后路经椎弓根内固定的基础和临床研究"被誉为我国脊柱外科的一大里程碑，铸就了脊柱内固定的"金标准"。

第三，敢于创新，与时俱进。这些名医不墨守成规，故步自封。他们是各自领域的弄潮儿、追梦人和风云人物。医学事业日新月异，每天有无数创新的成果面世。阮长耿院士建立了我国第一个血栓与止血研究室。他成功研制了以SZ（苏州）命名的第一组抗人血小板单克隆抗体，填补了国内空白，达到国际先进水平。随后相继研制成功抗人血小板、vW因子等苏州（SZ）系列单抗180多株，并应用于出血和血栓性疾病的基础与临床研究，其中5株SZ单抗被确认为国际血小板研究的标准试剂……阮长耿，亦被学界公认为我国血栓与止血研究领域杰出的开拓者之一。杜子威教授，1974年创建了苏州医学院（现苏州大学医学部）脑神经研究室，开展了脑神经疾病的基础研究，成功研制出国产醋酸纤维薄膜，首次制定了中国人脑脊液蛋白电泳的标准值，建立了中国第一株人脑胶质瘤体外细胞系SHG-44及其裸小鼠移植模型NHG-1、中国第一株抗胶质瘤杂交瘤单克隆抗体SZ39，在国内首先成功建立了人脑胶质瘤基因文库。传统中药制药名师、国家级"非遗"传承人李英杰先生经年潜心研习，以敬畏和专注传递中医药文化之魂，在不断创新中将传统制丸技艺发展至炉火纯青的地步。

长江后浪推前浪。医学事业的发展，需要各方面人才。本次推出的名医访谈系列丛书，目的是为了传承。我们的愿望是把名医的风采、经验作为财富，贡献给大家，可以一代又一代地传承下去。他们是"博习创新，厚德厚生"的杰出代表，我们也希望在他们的感召下有更多的名医涌现。人才辈出，才能使我们在当今的世界竞争中立于不败之地。

名医已经沉淀为苏州医学、医疗、医药发展的一种精神动力，历经传承与创新，浓缩为一种与时俱进的时代品格。八位名医访谈是"东吴名家·名医系列"的首批实录，历时三年，挖掘整理了老一辈名医的故事，以照片、文字和视频的形式完整真实地展现出来，以期丰富和拓展我们的名医文化建设，从而使我们的文化建设事业迈上一个新台阶。

苏州大学附属第一医院院长　侯建全

杜子威

　　爱国华侨，著名医学教育家，神经肿瘤专家，中国现代神经外科学奠基人之一，教授，博士生导师。祖籍苏州，1932年出生于日本东京，1937年被送回苏州，先后就读于苏州善耕小学和晏成中学，1950年赴日本求学，1969年获日本庆应义塾大学医学博士学位，1972年回国。历任苏州医学院附属第一医院脑神经外科副主任、主任，苏州医学院副院长、院长、名誉院长，江苏省侨联第一、二届副主席，江苏省第五届政协副主席，江苏省第七届人大常委会副主任，第五至第七届全国人大代表，国务院学位委员会第二、三届学科评议组成员，中华医学会理事，《中国医学百科全书(神经外科学)》编委，日本名古屋保健卫生大学及昭和大学客座教授。现为苏州大学医学部名誉主任，脑神经研究室名誉主任。曾荣获国家级有特殊贡献的中青年专家、省部级先进工作者、劳动模范等殊荣，享受国务院特殊津贴。回国时捐赠了国际上先进的神经外科手术器械和实验用整套设备，其中1200毫安脑血管造影专用X光机、脑动脉瘤夹、双极电凝器、脑室腹腔分流管、手术显微镜、医用超速离心机等均填补了当时国内的空白。1974年创建了苏州医学院(现苏州大学医学部)脑神经研究室，开展了脑神经疾病的基础研究，成功研制出国产醋酸纤维薄膜，首次制定了中国人脑脊液蛋白电泳的标准值，建立了中国第一株人脑胶质瘤体外细胞系SHG-44及其裸小鼠移植模型NHG-1、中国第一株抗胶质瘤杂交瘤单抗SZ39，在国内首先成功建立了人脑胶质瘤基因文库。在国际上首次发现分子量分别为180kD和47kD的膜糖蛋白胶质瘤相关抗原，率先在国内成功制备以单克隆抗体为载体的交联阿霉素生物导弹SZ39-ADR和1311-MAb SZ39。多次荣获核工业部(核工业总公司)、卫生部、国防科工委、江苏省科技进步奖。发表中英文论文200余篇(包括指导研究生及脑神经研究室发表的论文)，主(参)编《中国医学百科全书(神经外科学)》《人脑胶质瘤的研究》《神经生物化学与分子生物学》等著作。

中学同学据杜子威1950年赴日前夕的照片创作的油画

1937年，父亲杜志良送杜子威回苏州时父子俩的照片

1973年，一家四口在苏州照相馆的合影（后排左起：吴少嫒，杜子威；前排左起：女儿杜雯林，儿子杜志民）

杜子威七十大寿　前排左起：杜子威，吴少嫒；后排：杜志民（右一），陈钰屏（右二），石福熙（中）

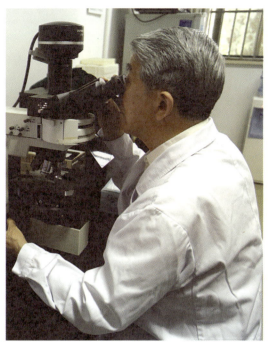

杜子威在研究工作中

杜子威是第五、六、七届全国人大代表,这是登上天安门城楼时的留影

2018年9月,杜子威(左二)荣获中华医学会神经外科学分会终身成就奖

2010年，杜子威在脑神经研究室成立三十周年纪念会上讲话

2010年，杜子威和夫人吴少媛在脑神经研究室成立三十周年纪念活动晚会上联袂表演

目　录

特稿

003　矢志国医

专访

027　寻根溯源
028　祖籍杜家角
031　含辛茹苦的苏州妈妈
035　教会中学的国学老师
039　神田街上淘中国古籍

045　负笈扶桑
046　遵父命弃文学医
053　初次实习的特殊礼遇
056　攻读脑外科博士
064　华侨总会和中华学校的往事
068　多次申请回国

070　学成回国
071　乘货船回国

073 父亲卖了饭店
078 送礼小插曲
080 回来第三天就开刀
084 在厕所筹建实验室

088 苏医风华（上）

089 到处讲学
091 测定中国人脑脊液蛋白标准值
094 当时中国最好的实验室
096 填补空白的手术器械
102 SHG-44
109 实验室的大突破
115 促成中日友好医院的建设

120 苏医风华（下）

121 因材施教
126 论文署名的传统
127 请日本教授免费来授课
131 日中医学会的"穷光蛋"评议员
133 私人关系安排苏医老师赴日进修
135 支持出国潮
138 小巴腊子学术权威
143 鼓励学生去拿诺贝尔奖
146 遵父命，辞高官

154 真知灼见

155 体系之辩
157 近亲繁殖之辩
160 苏州要有一个肿瘤医院

163	都付笑谈
164	姐夫捐的救护车
166	家里的冰箱被拆了
167	苏州牌手表的事情我要澄清一下

他人说他

171	周岱：他回来等于打开了一个窗子
182	黄强：他是一个传奇式的人物
189	谈琪云：他告诉我做研究要耐得住寂寞
195	石福熙：他最关心三件事
207	吴少燰：他一辈子最大的事业是临床和实验
218	包仕尧：苏大不能忘记杜子威
220	周幽心：人生楷模，高山仰止

附录

235	杜子威：矢志国医
244	杜子威年谱

250	参考文献（部分）
251	后记

特稿

矢志国医

"杜院长是非常特殊非常特殊的一个人。"在正式访谈杜子威教授之前,我们向与他搭档三十多年的老朋友,原苏州医学院外办主任石福熙老师,了解杜子威教授的点点滴滴,石福熙老师用两个"非常特殊"来形容他,勾起了我们的无限好奇:杜子威究竟是怎样特殊的一个人呢?

2018年6月7日上午,在苏州大学校友会简单的办公室里,我们见到了专程从东京赶回来接受访谈的杜子威教授。

坐在我们面前的,是一位和善的长者。脸庞清癯,始终带着微笑,一对长寿眉,灰白的头发密实整齐,穿着印有各种英文字母图案的T恤,外面套一件米白色的休闲西服,完全看不出他已经86岁高龄了。他从随身携带的包里拿出一支笔和一个本子,掏出老花眼镜,规整地摆在桌上。

对于访谈,他表现出非同一般的配合,从来不会试图打断访谈负责人马中红教授对"东吴名医"项目的介绍,但又对访谈表现出非同一般的审慎——甚至可以用"警惕"来形容!他向我们索要访谈的时间表和内容提纲,说医生讲究一本账,他讲出来的东西要讲究证据,所以要准备相应的材料。他提出,尽量不对他个人及家庭做过多的询问与描述,不能讲的坚决不讲。在讲到这些"原则"时,他表现得异常"温和而坚定"。

现场交流的气氛一度显得非常严肃,直到马中红教授自我介绍说是苏州人,杜子威终于笑了,他用高了八度的吴语问她是苏州哪里人,两人很快就"你侬我侬"地聊开了。好一会儿,他才转回普通话,自嘲地说,当年在沈阳做讲座,大家都听不懂他带苏州口音的普通话。他开始逐一问我们几个学生是不是苏州人,来自哪里,气氛一下子就活跃而轻松了起来。

他的夫人吴少媛老师夸他的中文功底其实特别好，当年吴老师翻译的关于章太炎先生的论文①经过他的润色后，一字不改就发表了。这时，他嘴上说着吴老师是在吹牛，双手却往胸前一抱，显然是比较得意而高兴的。吴老师聊到他多才多艺，喜欢文学、古诗和音乐时，他掩面而笑，像个害羞的孩子。

朱进士巷②，因明代进士、抗倭名臣朱纨居此而得名，杜子威教授的家就在南林苑朱进士巷一号，院子里的葡萄枝干遒劲，绿荫摇曳。此后几天，在他家温馨的客厅里，我们喝着吴少媛老师精心准备的碧螺春，听杜子威讲述他的传奇人生。

根在苏州

杜子威的祖上生活在苏州浒墅关一个叫杜家角的村庄，从曾祖父一辈开始进苏州城谋生。多年以后，侵华日军占据苏州城，祖父祖母带着杜子威逃回杜家角避难，他才知道，那个只有十户人家的小村庄是他的祖籍地。

杜子威的祖父在苏州著名的松鹤楼当堂倌，顺便就安排两个儿子学了厨师，次子杜志良大字不识一个，却有着过人的胆识，凭借精湛的厨艺，1930年被延请到日本东京最有名的一家饭店掌勺，为日后在东京闯出一片天地打下了基础。在东京，杜志良与在饭店做服务员的千叶县女子高黎いよ（后入中国籍，改名杜伊代）相识并结婚，1932年出生的杜子威是他们的长子。

七七事变爆发后，日本帝国主义发动了全面侵华战争。杜志良决定把杜子威送回苏州，接受中国的传统教育。此后的十多年，杜子威艰辛而幸运地接受了良好的教育，为今后的生活、学习和研究打下了深厚的基础。

在讲述这段苏州生活经历时，杜子威往往用一句"不知道"或者"忘记了"来结束我们的追问，直到有一天，他说："可能因为小时候的生活太苦了，很悲伤的，所以不愿意提起，也不愿去想，慢慢地就真的忘记了。"

尽管如此，他不会忘记深爱着他的苏州妈妈③——他父亲在苏州的妻子。这位

---

① 由吴少媛译自日本爱知县立大学副教授坂田新《金陵学记》（原载《诗经研究》第八辑，东京早稻田大学诗经学研究中心1984年5月版）的《章炳麟先生和章氏国学讲习会》，译作发表在1985年第3期《杭州师范大学学报：社会科学版》。
② 朱进士巷是苏州城区中南部的一条街巷，因明代进士、抗倭名臣朱纨居此而得名，现大部分划入南林苑小区。
③ 范秀云，杜子威的父亲去日本之前娶的苏州妻子，一直生活在苏州。

普通的苏州女子,善良、慈爱、勤劳、隐忍、宽容,她毫无怨言地担负起了养育杜子威的重任。每次谈起他的苏州妈妈,我们都能从杜子威的眼里看到温柔的目光在闪耀,并愉快地说"她喜欢我的"。

1945年,杜子威从善耕小学[①]毕业,并于同年进入晏成中学[②]就读。彼时,父亲已于日本投降后返回东京开启了自己的餐饮生意,然而内战的爆发导致邮路中断,钱款无法寄回苏州。祖父祖母相继离世,苏州一家人的生活仅靠苏州妈妈卖豆芽菜维持。即便如此,苏州妈妈依然鼓励杜子威继续其中学学业。

他也忘不了晏成中学的岁月。晏成中学是一所浸信会创办的教会学校,学校里就读的大多是有钱人家的子弟,也招募少部分贫困人家的子弟入教并提供免费上学的机会。杜子威很幸运地成为其中的少部分,他入了教,通过在教会唱诗班工作,换取了这个上学的机会。

晏成中学是当时苏州最好的西式中学之一,学校开设有数学、物理、生物、化学、英语等现代化教育课程,这为他日后在东京顺利衔接上那边的课程并考上大学打下了扎实的基础。

在晏成中学,杜子威幸运地遇到了两位优秀的语文老师——国学大师朱季海和前清举人汪伯荷。

朱季海是上海人,章太炎的关门弟子,学贯中西,通晓英、日、德、法语和训诂考证之学,被国学大师章太炎誉为"千里驹"。据说,朱季海曾于1946年在南京国史馆工作,因不满官场黑暗和阿谀之风而愤然辞职。因为有"凛然风骨",朱季海除任过两年半的公职,终其一生只潜心于自己的学问,著述丰富,其著作《楚辞解故》被誉为学术界的"天书"。

少年杜子威当然不知道教他的是国学大师,在他眼中,朱季海就是个"怪人"——他从来不按照课本来教学,而是拎着一大摞线装古书,给学生讲《楚

[①] 善耕小学创办于1906年(光绪三十二年),初名"长洲县官立高等小学堂"。首任堂长是时任总理法部主事、进士出身的章钰。1930年,更名为"吴县县立善耕小学校"。第四任校长韩秉直先生命名学校为"善耕",以善于耕耘比喻善教善导,精心育才。

[②] 晏成中学是苏州市第三中学的前身,以此纪念19世纪来华的著名传教士晏玛太(Matthew Tyson Yates, 1819—1888)博士对美国南浸信会的贡献,是美国南浸信会分别于1906年、1907年在临顿路谢衙前创办的私立晏成中学和私立慧灵女子中学两所教会学校之一。1919年孙中山先生为晏成男中(今晏成中学)题词:其道大光。章太炎、梁启超、蔡元培等曾来学校讲学。

辞》、音韵学和训诂学，考试则是一篇题材不限却又需反复修改的作文。中华传统国学文化通过这种春风化雨式的独特教学方式，浸润到杜子威的骨子里。

多年以后，当他在东京为备考医学而苦闷不堪时，缓解紧张学习生活的唯一消遣方式，就是到东京神田街林立的书店里，翻阅各种版本的中国典籍，这个逛古籍书店的习惯一直保持至今。

东京的神田街上，有很多专门出售中国册本的书店，其中最著名的就是因鲁迅而知名的内山书店。这些书店出售善本、珍本，甚至孤本中国古籍和宋、明、清时期在日本刊刻或手抄的"和版"（日本称为汉籍）中日典籍，也有罗振玉、郭沫若等古文字学家在日本出版的研究甲骨文的书籍。

日复一日、月复一月、年复一年，杜子威由最初的站着"摸一摸"，到后来可以坐下来"看一看"，并最终可以"买一些"，几十年来，他陆陆续续购买并收藏了大量"和版"中国典籍，从2014年开始，他分批将自己收藏的这些珍贵典籍无偿捐给了苏州大学图书馆。

访谈期间，我们有幸见证了杜子威为苏州大学图书馆捐赠明朝时期日人手抄的《湖月抄》和清初日本刻印的《西游记》连环画。截至2018年，杜子威捐赠给苏州大学图书馆的和版藏书近300套，其中不乏珍贵的孤本。

对于线装古籍，杜子威并非只是为了买而买，他对这些书籍的内容和版本都有独到而深刻的理解。当我们问起他缘何捐赠这些古籍时，杜子威有着与众不同的想法，他希望中国人能够知己知彼，通过这些史料，认识一个真实的日本，研究清楚究竟日本为什么要侵略中国。他说新出版的书是可以篡改的，比如日本政府就可以篡改历史教科书，而这些典籍是最原始的资料，是无法篡改的。

有些书已经非常破旧了，为此，他还专门添置了一套用来修复线装书的针头线脑，用他的话说，"我是外科医生，做这种古书的修补工作比做手术容易多了"，以至于他还向我们演示了一番如何修补古籍。

如果说朱季海教会杜子威的是"读"，那么汪伯荷教会杜子威的则是"唱"。汪伯荷是清朝举人，新中国成立之前家道中落，不得已到晏成中学教授语文，他是典型的苏州传统文人，善于吟唱唐诗、宋词、元曲，更会唱昆曲。杜子威讲述到汪伯荷在课堂上吟唱唐诗的情景时，表现出了少有的孩子气——捂着嘴笑称当年大家虽然觉得老师唱唐诗很搞笑，可私底下也就偷偷学了起来。他现场为我们清唱的吴语版《枫桥夜泊》，低沉浑厚中带着淡淡的思乡愁绪，就如枫桥下面的流水，在我们心中掀起阵阵涟漪。

尽管当年出于换取免费上学的需要被迫加入教会唱诗班，唱歌其实也是杜子威一生的雅趣，他先后加入的晏成中学歌唱小组、日本庆应大学医学院男生四重唱小组和东京华侨总会歌唱团则完全是自愿并且乐意的。直到今天，他还会定期参加庆应大学男生四重唱的活动，东京华侨总会每年举行的庆祝中华人民共和国国庆活动，他都要去引吭高歌一番。

高三升学时，杜子威一度想报考文学专业，是在父亲的劝说下，他才报考了医学。但是他的骨子里，是有着一颗中国传统读书人的气质的，在他从不对外示人的书房里，满满当当两大排书架，除了医学书籍，堆叠着的全部是各类中国传统文化典籍。即便是在报考"日本最难考的医学"以及日后毅然辞掉包括江苏省人大常委会副主任等的一切行政职务这两件事情上，他也是像中国传统儒生一样"遵从父命"行事。

访谈中，杜子威执意要求我们帮他澄清一件事情。

1980年，有一篇题为《爱国的杜子威》的小文章成为中学语文考试的阅读题，文章提到他放弃在日本的生活毅然返回苏州后，把价值数百万元的实验室献给国家，自己却省吃俭用，戴着才45元的苏州牌国产手表。

文章的本意是想通过数百万元的实验室和45元国产手表的巨大价格差异来衬托杜子威的爱国情怀，但是杜子威不高兴了，他把那块苏州牌手表找了出来，颇为不满地告诉我们，这篇文章让人们觉得苏州牌手表就不是高级货，难道只有戴外国手表才显得高级吗？他指着依然在走动的那块手表告诉我们，苏州自康熙时起就开始有钟表制造的工艺，当年苏州牌手表质量和口碑在全国都很有名，他依然记得当年北京二机部的一个领导专门委托他一次性买了十块苏州牌手表送给同事的事。

杜子威就是这样一位愿意为苏州的事情而较真的人，我们无法用科学的方法验证他是不是因为受到传统文化的浸润而有着与一般医生迥异的人文修养，但我们确知，他热爱苏州是那么真实而热切。这一点，还可以从他在1972年回国时放弃上海、北京等大城市而选择小小的苏州看得出来；可以从他将带回来的家用电器免费交给苏州的工厂拆解仿制从而成就了曾经的苏州电器"四大名旦"[①]看得出来；可以从他打破国际常规把奠定他学术地位的中国第一株人脑胶质瘤体外细胞系的命名以代表苏州的字母"S"开头看得出来；可以从他依然在蚂蚁搬家一样把

[①] 20世纪80-90年代，苏州小家电业发达，俗称的"四大名旦"指香雪海电冰箱、春花吸尘器、长城电风扇、孔雀电视机。

自己花费巨资收藏的古籍带来捐赠给苏州大学图书馆看得出来;可以从他时至今日依然在为建设一家属于苏州人的肿瘤医院而奔走看得出来;可以从他反复强调包括母亲儿女孙辈在内都是中国国籍看得出来。

负笈扶桑

子威:

你在东京,我在苏州,遥远的路程,使我们怀疑再度见面的可能性,但在分手的时候,我们坚决地认为这可能性是百分之百的。你是一位忠实的基督徒。你热爱人类,喜欢抱打不平。我惊奇于你真挚的友爱,奔放的热情。你的乐观会改变别人悲观的心理。你的笑容,难得离开你的脸面,并且你的风趣和活泼也是足以使人称道的。做事情你总是忠实地、勤奋地,并且由于你一向的乐观,在工作中不会灰心或者是失望,但你每每疏忽。希望时间会弥补你的缺憾。你善于唱歌。我相信是少年团培养了你这有天才的男低音。你爱好音乐,交响曲是你最欣赏的。我不能约略统计你看过书的大概数目,因为你在半个钟点内就能读毕我需要在一点半钟内看完的材料,而且,你从初二到高二,经常地有书在手中。毫无疑问,你在写作文的时候不会感到枯涩。虽然在初二的时候,我们已经都在晏成了,但不晓得为了二组的关系,还是为了我没有和你接触。事实上,我们的熟悉是从高二才开始的。而在高三要毕业的一个学期,你离开了苏州,离了在苏州的许多朋友,离开了我。记得在临行之前我们唱了很多歌。你送了我一张含有万种思念表情的照片,那是你在将去的时候拍的。我相信你在这个时候学会了沉思。今天,我看了你这一张照,写下了这一页。祝福在东京的你健康。又,请告诉我富士山可好吗?

你的弟弟　庆煌[①]　一九五〇年九月

1950年,父亲杜志良已经在东京繁华的日本桥地区有了一家自己的面馆"万国饭店",生意相当火爆,经济上有了起色,却由于日本不承认新成立的中华人民共和国,钱财无法寄往中国,而对苏州一家人的困顿生活爱莫能助,杜子威面临高

[①] 张庆煌,杜子威在晏成中学就读时的同班班长,1950年,该班级印制了毕业留念册,这是张庆煌在留念册里写给杜子威的毕业寄语,当时杜子威已经赴日本求学了。

考之后将无钱上大学的窘况。于是，父亲捎信来，叫杜子威去日本上学。杜子威辗转来到东京，见到了阔别多年的母亲和从未谋面的妹妹。多年以后，他依然面露尴尬地形容当时的场面——由于不懂日语，杜子威和母亲、妹妹无法正常交流。东京大学教授熊谷百三受聘为杜子威讲授日语，一年之后，又在其推荐下考入了东京都立葛饰野高等学校三年级。此后，他遵从父命，经过三年的努力，考入了日本著名的私立大学——庆应义塾大学（以下简称"庆应大学"）医学部。

杜子威学习的最大障碍是语言，他在晏成中学打下了较好的英文基础，通过几年的努力总算将日语攻克，但是进入医学院之后，还要面临德语、希腊语、拉丁语的考验。庆应大学的医学教育体系是照搬德国模式建立起来的，当时连医院的病例都是用德语撰写。时至今日，谈起当年求学的艰苦，已经享誉脑外科界的杜子威依然像个小学生一样痛苦地挠着头。然而他又轻描淡写地说："当时年轻，也没有想那么多，就是硬着头皮努力学。"转念他又说："医学这个东西蛮难的，但是基础不打好，是要出事的，马马虎虎看病，那是不对的。"

有一个例子可以印证杜子威当年努力的程度——在我们跟随他走访苏州大学放射医学院时，学院的领导——他当年的学生——向我们回忆说，杜院长当年向苏州医学院的学生介绍自己在日本学医的努力程度时，讲过一边滑雪一边背单词的经历。

庆应大学医学教育还有一个导师模式，将每个班的学生分为五人一组，由医学院随机选派一名教授作为这五个人的导师，在接下来的六年本科学习期间，这位教授除了不给五人小组上课，其他任何事情都要负责到底，哪怕其中任一学生考试不能通过，这位教授也要想办法和小组成员一起帮助他。这种类似学徒制的传帮带模式，既确保了学生的整体水准，又让师生之间建立了深厚的情谊。当1978年国门打开之时，杜子威第一时间利用自己当年在日本医学系统建立的良好私人关系开展了苏州医学院的对外学术交流工作，为苏医培养了大批有国际视野的人才，而且这种交流至今仍在持续。

1961年，经过长达六年的学习和一年的实习，杜子威大学毕业，获得了医学学士学位。转年，他轻松通过了日本医师国家考试，取得行医资格，他在进入庆应大学医学部外科教研室担任助教的同时，也在其附属教学医院当外科医生。

20世纪60年代的日本，在战后的一片废墟中，经济逐渐开始腾飞。父亲杜志良已经将日本桥的小店高价卖掉了，转而在东京的六本木地区购置了一块地皮，开了一家能同时容纳三四百人就餐的"卢山饭店①"。六本木位于东京的使馆区，饭店里经常能够接待到各种高级人士前来就餐，传闻日本前首相田中角荣就是其中之一。当时中日尚未建交，以甘文芳为首的爱国华侨于1945年之后成立了东京华侨总会，杜志良担任了东京华侨总会副会长，他利用饭店位于使馆区的优势，积极为中日友好往来贡献力量，他以全员免费的方式接待过远赴日本参加乒乓球世锦赛的中国代表团，并屡次获邀参加北京的国庆观礼活动。据传周恩来总理接见过杜志良，当他向总理提出希望落叶归根回归苏州时，总理建议他继续在日本为中日交流做贡献，杜志良很感动，表示以后会将儿子送回国以报效祖国。杜志良异常低调，从未向儿子提起过这些事情。

此时的杜子威正处于"两耳不闻窗外事，一心只读医学书"的时期。他遵循医学院教授的安排，到远离东京的群马县馆林市厚生病院、枥木县大田原红十字病院和枥木县足利市红十字病院练习外科技艺，按照要求完成阑尾炎、胃切、肺切等手术，目睹了日本乡村经济的落后，也体验到了医生身份带给他的厚遇和成就感。

在群马县馆林市厚生病院，有一件事情影响了杜子威以后在苏州医学院培养年轻医生的习惯。那时他是跟随一位更有经验的医生学习的实习医生，只作为助手看着老师开了十几例阑尾炎手术。有一天要做阑尾炎开刀手术时，这位老师忽然称临时有事走了，留下毫无信心的杜子威和一位年长的护士。没有退路的杜子威硬着头皮上了手术台，成功完成了人生第一例开刀手术。尽管事情过去了五十多年，杜子威描述起当年做手术的过程和之后忐忑不安的心情时依然心存惶惑。1972年回国之后，杜子威用这种"激将法"培养了一批技艺精湛的脑外科医生，其中就包括有着"江苏脑外一把刀"称号的苏州大学附属第一医院原神经外科主任周岱教授。

从杜子威讲述的攻读博士学位期间的两件事，我们可以窥得他对医学葆有的足够的兴趣和好奇心。1966年，杜子威师从日本著名脑外科专家工藤达之教授，攻读脑外科医学博士学位。读博期间，庆应大学精神科有一位医生专门研究脑细胞培养。请注意下面这段杜子威对于这件事情的描述：

"很奇怪，就他一个人在搞这个工作。他讲课的时候，把培养脑细胞的电影拍出来，大家看得很惊奇，我也觉得非常惊奇。有一次，我到他的实验室去看，他问我哪里的，我说脑外科的，刚做小医生。他说我们缺人，你来帮忙。就叫我洗碗、

---

① 此前所有报道杜子威的资料都误写为"庐山饭店"。

洗瓶子啊,帮他点忙。不然他不给我看的。我就给他帮了半年忙,他给我看看,我觉得好玩,学了这么一点。"

就是这样带着"惊奇"和"好玩",杜子威学到了如何培养脑细胞,无形中为他日后率领团队成功培养出中国第一株人脑胶质瘤细胞,并以此开展了一系列开创性的研究打下了扎实的基础。

他描述的另一件事情是他做博士毕业论文《超低温法游离于头部的脑血管血流允许的界限》的实验,具体而生动:人和动物的大脑一样,一般缺血七分钟就会死亡,实验的方法是切下狗头,血管接起来,用冷凝血输入狗头循环,狗眼转转,表示狗脑还是活着的。

1969年,杜子威获得医学博士学位,此时,他在东京已经学习了19个年头。

迫切回国

新中国成立后,日本还遗留有数万侨民在中国东北。1958年,经中国政府许可,日本政府派遣船只前后21次共接回约3.5万日侨归国。新中国吸引了世界各地的华人华侨回来参加建设,其中就包括很多旅日爱国华侨。东京中华学校和横滨中华学校的年轻教师和学生受到感召,纷纷搭乘这次接收日侨的轮船返回了祖国,吴少媛的哥哥吴润荣就是在这一时期回国的。

虽然没有赶上那一拨回国潮,杜子威显然受到了他们的感染,拿到医学博士学位之后,他一边在栃木县足利市赤十字病院脑外科工作,一边委托东京华侨总会代为申请回国事宜,他跃跃欲试要回祖国干出一番事业来。此时的国内,"文化大革命"正如火如荼,杜子威的回国申请两次被以"时机不成熟"为由驳回,但他还是进行了第三次申请。

这期间,杜子威在友人的介绍下,认识了横滨中华学校的音乐教师吴少媛。吴少媛祖籍在广东中山,是第三代华侨。旅日老华侨都有一个观念,绝不加入日本国籍,女儿绝不嫁给日本人。吴少媛的父母在横滨也是经营餐馆生意的,两家可谓门当户对。1970年,杜子威和吴少媛按照当时国内的习俗,在毛主席像前喜结连理。婚后,吴少媛及其家人才获知杜子威已经在申请回国,大家虽然明知道国内贫困落后,且政治环境动荡,竟然都异常支持他的回国计划。事实上,这时杜子威的工作已经非常之好——在庆应大学附属的栃木县足利市赤十字病院脑外科当副部长,医院单独给他配了一栋带花园的别墅，拿着普通人三四倍的薪水。

杜子威在与父亲杜志良商量回国的计划时，父亲的回应吓了他一大跳。当父亲了解到他回国之后想要建一个脑神经研究室时，果断决定卖掉"卢山饭店"，全力支持他回国。

1972年，还在医院忙碌的杜子威接到了可以回国的消息。在北京、上海和苏州三个备选城市中，他选择了苏州，于当年五月搭乘一艘荷兰货轮回国。与他一起回国的，有一岁多的儿子和身怀六甲的妻子，有几十箱医学书籍，有德国产的蛇牌镀金手术器械，有脑动脉瘤夹，有双节电凝器，有手术显微镜，有空调、冰箱和洗衣机……这一切，都是当时封闭的国内所没有的。而这一切，离不开父亲卖掉卢山饭店之后的资助。此外，父亲还存了一笔巨额专款，等待杜子威回国后根据实际情况开具实验室设备采购清单，再逐一给他采买齐全。

阔别22年的苏州城，小桥流水依旧，拙政园的小荷已经露出了尖尖的角，海棠和紫藤则开得艳丽，十全街上，法国梧桐的叶子绿得格外鲜亮，人们用吴语相互打着招呼，当年的博习医院已经成为苏州医学院附属第一医院，一切都是那么熟悉，那么亲切。他不再是当年那个为了到处借钱而发愁的少年，而是学成回国志在干一番事业的医学博士。

杜子威的回国，轰动了苏州城，凭借精湛的手术技艺，"杜博士"的名号不胫而走。

有着悠久历史的苏州医学院当时归属于第二机械工业部（简称"二机部"），杜子威被安排到苏州医学院附属第一医院工作，他的头衔是脑外科副主任。回国第三天，杜子威就投入手术中。

如果说，杜子威的回国给封闭在国内的人们打开了一扇窥望世界的窗户的话，那么，他先进的手术技艺、理念和器械则是给当时国家的神经外科延长和扩充了双眼、双手和大脑。

脑外科是医学中最年轻、最复杂的一门学科。人的脑部手术可以说是一个禁区，虽然在中国古代就有神医华佗能开颅做手术一说，但是直到杜子威回国，由于长期的闭关锁国，技术、观念和手术设备落后，国内的脑外科几乎处于停滞不前的状态。

医治脑部疾病的第一步是诊断，这个可不是中国传统中医的"望闻问切"所能解决的。现代医学是通过一种可以提供脑部血管影像的造影术做诊断的，原理是通过动脉穿刺，将造影剂注入脑部动脉系统，然后通过计算机把血管造影片上的骨头和软组织的影像消除，仅在影像片上突出血管的一种摄影技术，从而探知到诸如动静脉畸形和动脉瘤等脑部血管异常。

通过脑部造影做出了正确的判断后，就可以施行针对性的脑部手术。人类的大脑，一旦停止供血达七分钟，脑细胞就会死亡，医术再高明的人也将回天乏力。同时，由于大脑是非常精密的组织，任何失误都会导致关键神经的损坏甚至致人死亡。

当时，国产造影穿刺针质量较差，常常导致病人穿刺后流血不止，病人痛苦不堪，医生又束手无策。造影后图像水平比较差，大大影响了医生对疾病的诊断。当时的脑科医生做手术时，还在沿用线扎血管的方法，而一旦细微的血管破裂，流向施行手术部位的血只能用纱布擦拭法来解决。使用如此原始的设备和方法，手术的成功率可以说是相当低。据苏州大学附属第一院原脑外科主任周岱教授回忆，1972年他在全国最顶尖的北京宣武医院进修时，该医院的脑动脉瘤手术成功率极低——十个进去九个死。

杜子威带回国的一系列先进手术设备逐渐解决了这些问题：三通管造影针解决了造影打针时流血不止的现象；1200毫安脑血管造影专用X光机解决了脑部造影不精准的问题；脑动脉瘤夹替代了用线扎血管的历史；可调节式颈动脉瘤夹解决了术中脑部供血停顿的难题；双极电凝器的使用替代了用纱布擦拭术中毛细血管出血的问题；脑室腹腔引流管的使用解决了病人颅内压高的痛苦；全国第一台手术显微镜的到来则标志着中国从此进入显微脑外科时代。

杜子威带回来的这些先进手术器械不仅仅是填补了国内的空白，更为重要的是成功挽回了成千上万人的生命。大量患者慕名来到苏州医学院附一院，杜子威全身心投入工作中，时常还被请到北京和南京为高级干部做手术。

在那个封闭的年代，如果杜子威凭借自己独有的海外资源"垄断"上述手术器械的使用，他完全可以成为独步天下的名医，但这显然不是他所想要的。由于国家外汇有限，且国外对中国实行了封锁政策，想要通过进口的方式解决手术器械的问题在当时几乎是不可能的。带回来的一些手术器械迟早会有用完的一天，这不利于在全国推广，于是杜子威联系苏州本地和国内的医疗器械厂，配合进行部分手术器械的仿制工作。分别于1973年制成自动连续X光片换片机、自动注射器、脑动脉瘤夹，1976年研制出国产NJS-5A型脑室腹腔引流装置，使得国内各大医院全面开展颅内动脉瘤、动静脉畸形手术、脑积水引流手术和脑血管显微手术成为可能。颅内动脉瘤夹、NJS-5A型脑室腹腔内引流装置和醋酸纤维素薄膜分别于1978年获得全国科技大会、卫生部科技大会和江苏省科技进步奖。

十年一剑

国外医学界有句话，如果外科医生只会开刀不会做研究，那叫开刀匠，只能算半个医生。杜子威早有规划，就是要建立一个能够按照科学的方法做脑神经基础研究的实验室。回国时，他随行带了一部分实验器材，但是这远远不够，他根据回国后看到的实际情况，开出了一系列实验用品和设备的清单，委托远在东京的父亲帮忙采买。在关键设备还没有抵达之前，他决定小试牛刀，先做一个中国人脑脊液蛋白质的测量实验。

虽然杜子威的回国因北京方面的关照而没有受到政治运动的冲击，但在当时的氛围下，稍微接近他就会被认为是"抱海外关系的大腿"。时任苏州医学院党委书记的刘铁珊是延安时期的老革命，他慧眼识人，分派当时被打成右派的著名生化检验专家奚为乎和"反革命"夫人谈琪云协助杜子威做实验室的创建工作。

一个在"文革"时期被当作笑话来讲的实验室团队搭建起来了：一个是"反革命"，一个是右派，一个是海外关系，三个人在博习医院西班牙老楼厕所改造的实验室里开始了艰难的创业之路。

1974年，实验室初步建成，杜子威将医院里废弃的脑脊液收集起来，通过分析135例有效脑脊液，首次制定了中国人脑脊液蛋白电泳的标准值，并发表了英文研究成果。

脑脊液蛋白电泳的标准值测定，只是杜子威用来检验实验室团队的第一步，他真正的意图是要做人脑胶质瘤的基础应用研究。

在人脑中，有两种细胞，一种是神经细胞，一种是胶质细胞，其他都是脑血管。通常情况下，神经细胞瘤和血管瘤都不足以致命，而胶质瘤被称为恶性肿瘤里的恶性肿瘤，即使到现在，患者的术后存活时间也不会超过一年。杜子威期待通过从基础胶质瘤细胞研究入手，有朝一日能攻克这个祸害人类健康的恶性肿瘤。

委托父亲采购的各种大型实验设备于1975年以后陆续运达苏州。在国内没有可资借鉴的实验室的情况下，杜子威根据带回来的书籍慢慢摸索，参照美国NASA无菌实验室的标准，千方百计自主建造了一个国际标准的超净实验室和无菌操作台。同时，实验团队逐步壮大，附一院的年轻医生黄强、周岱、王尧都进入了他的实验室体系，他还挖来上海的防疫员徐庚达做细胞培养工作。然后，他开始了人脑胶质瘤的体外细胞系培养工作。

对于攻克胶质瘤这个医学难题，杜子威参照国际上的管理方法做了严谨而长远的规划：培养出中国人自己的可供实验用的胶质瘤体外细胞系——对该细胞尝试进行蛋白质分析——在裸小鼠体内接种胶质瘤细胞——寻找杀死裸小鼠体内肿瘤细胞的方法——最终攻克人脑胶质瘤。

路漫漫其修远。每天一大早，杜子威就赶到附一院，坐诊，开刀。晚上五点半下班，又行色匆匆地赶往实验室，一直要忙到晚上八九点钟才回家，早已入睡的孩子几乎感觉不到爸爸的存在。有时，半夜都会有急切的敲门声，那是医院里手术台上年轻的医生派来寻求紧急支援的，杜子威又得穿上衣服赶往手术室。以至于不明就里的隔壁大妈被这种经常性的敲门声搅扰得非常有意见。人们总能看到骑着自行车的杜博士，疾驰在三元坊到附一院、附一院到实验室、实验室到三元坊的路上。

尽管工作很急很忙，但是对于实验室的具体工作和管理，杜子威相当具有国际视野。他非常注重团队的培养和建设，不仅吸纳有潜质的年轻医生和实验员加入团队中并毫无保留地教授他们实验的正确方法，而且非常体恤团队成员。

参与创建实验室的元老之一谈琪云就讲过两件让她终生难忘的事情：其一是杜子威自己掏钱为加班的他们购买方便面，要知道，那时可没人有多余的闲钱吃方便面这种"奢侈食品"。其二，实验用的进口电冰柜刚到，谈琪云在不知道这种冰柜的额定电压是110伏的情况下，贸然给接上了220伏电压，导致电冰柜的电阻被烧坏，这在当时来说本该是要挨批斗的事情。获知消息的杜子威没有责怪谈琪云，而是关心她有没有受伤。

此外，杜子威在实验进程方面非常有耐心，并不急于向实验团队要成果，他鼓励团队要踏踏实实地严格按照操作标准来做。起初，培养的细胞数次受到污染而前功尽弃，团队一片灰心失望时，他主动承担责任，带领大家从头再来。

在繁忙的临床手术与实验之余，杜子威被请到全国各地去做学术报告，介绍国外神经外科学的最新进展和研究成果，普及临床与实验研究必须同步实施的理念。他的脑外科和实验室吸引了来自全国各地的同行前来参观、学习。当时中国最好的研究所——中国科学院上海生物化学研究所的专家在参观了杜子威的实验室之后，特意写了一封信表达赞羡之情。对于前来学习的同行，杜子威要求实验室团队毫无保留,要教到他们学会为止。1981年5月,全国脑血管病专题学术会议在苏州召开,来自全国各地的神经内科专家参观了杜子威的脑神经研究室,包括北京协和医院、北京大学附属医院的领导都对实验室羡慕至极。

从三元坊到可园,桂花香了又谢,谢了又香。经过43次失败,1982年11月,中国第一株人脑恶性胶质瘤体外细胞系培养成功并通过鉴定。杜子威刻意将其命名为SHG(SUZHOU HUMAN GLIOMA)-44,意思是经过44次培养成功的苏州人脑胶质瘤。"苏州"从此永久烙印在这项科研成果上。胶质瘤体外细胞系的培养成功,为后续进一步的研究打下了坚实的基础,中国脑外科专家再也不用写信向国外同行索取胶质瘤细胞样本。此时,已经是杜子威学成回国的第10个年头了。

有了SHG-44这个有力工具,杜子威及其团队的科研成果开始"井喷"。1985年,建立了中国第一株人脑胶质瘤裸小鼠异种移植模型NHG-1;1988年,研究出中国第一株抗胶质瘤杂交瘤单抗SZ39;在国际上首次发现分子量分别为180kD和47kD的膜糖蛋白胶质瘤相关抗原;率先在国内成功制备以单克隆抗体为载体交联阿霉素的生物导弹SZ39-ADR和1311-MAb SZ39用于临床导向诊治。此外还成功地建立了人脑胶质瘤基因文库。他的研究成果使我国神经外科学的研究在诸多方面跨入了国际先进行列。

杜子威一直将这个脑神经研究室视为生命的一部分,进入二十一世纪以来,国内兴起一股将研究室改称为研究所甚至研究院的风潮,杜子威则坚持使用"研究室"这个小小的名称。

有趣的是,当年,一位叫周永茂的核反应堆工程专家在看了《人脑恶性胶质瘤体外细胞SHG-44建系及其特征》一文后,大受启发,开始钻研如何用硼中子俘获疗法治疗胶质瘤,并于多年后成功建成了辐照照射器。2010年,已是中国工程院院士的周永茂邀请杜子威到北京见面,两人惺惺相惜,达成了与苏州大学附属第一医院脑神经研究室的合作事宜。在此之前,两人从未谋面。

桃李不言

时光回溯到1972年,时任苏州医学院党委书记的刘铁珊找刚回国的杜子威谈话,谈话的核心议题只有一个——医学院给杜子威安排的主要工作是为党培养人才。刘铁珊还话里有话地提醒杜子威,明天要开大会,不管你看到什么,都不用害怕,也不用担心。第二天,杜子威就在大会上看到刘铁珊被拉到台上批斗,很是吓了一大跳。接下来的岁月,杜子威在苏州医学院建立了"传帮带"的人才培养机制,利用一切资源,践行了当初培养人才的诺言。

神经外科成立伊始,刘铁珊给杜子威配备了周岱和黄强两位年轻医生做助手。黄强比较喜欢科研,杜子威就给他制定了科研为主、临床为辅的培养策略,将他纳入脑神经研究室研究的核心团队中。1980年,苏州医学院开始对外委派留学生,杜子威将年龄稍长的黄强第一个派往日本名古屋保健卫生大学深造,师从他在庆应大学时的师弟神野哲夫。黄强后来成长为知名的脑肿瘤专家。与黄强相比,周岱拥有比较丰富的外科手术经验,杜子威就给他制定了临床为主、科研为辅的培养策略,先后送他到华山医院神经外科、名古屋保健卫生大学进修。后来被誉为"江苏脑外一把刀"的周岱谈起杜子威对他的影响时,用了最朴实也最真诚的一句话:"如果没有他来,我可能默默无闻,也不会搞这么多的临床和基础研究。"

杜子威的神经外科人才培养思路,是以脑神经研究室为根基、传帮带一体的——由他自己手把手将第一批实验员和年轻医生带成在各自领域经验丰富的专家之后,再放手由他们接着带第二代、第三代,每个人都发挥所长,又相得益彰,实验室研究的大方向始终如一,实验室人才体系遂逐渐壮大、枝繁叶茂。

1981年,杜子威成为国务院授予的首批五位神经外科博士生导师之一,顺理成章地,他招收的博士生都被纳入脑神经研究室的人才体系中。随着SHG-44的培养和异体移植成功,脑神经研究室开始向探索寻找杀死裸小鼠体内肿瘤细胞的方法行进,杜子威的实验室团队在这方面取得了骄人的国际声誉。1989年,他的博士生朱剑虹在第九届世界神经外科联合会(WFNS)[①]上宣读了博士论文《单克隆抗体携带化疗药物阿霉素导向治疗人脑胶质瘤临床前研究》,受到来自70多

[①] 世界神经外科联合会(WFNS)成立于1955年,是一个专业、科学的非政府组织,由130个成员协会组成,代表全球超过30000名神经外科医生。WFNS的使命是促进会员协会之间的合作,推进全球神经外科的护理、培训和研究,每四年举办一次世界神经外科联合会(World Congress of Neurosurgery),以此促进各国神经外科的国际交流,该会议是神经外科领域最重要的会议,被誉为神经外科领域的"奥林匹克运动会"。"世界神经外科青年医师奖"始于1981年在德国慕尼黑举办的第七届世界神经外科联合会,每四年评选一次,设奖以来的20年内,全世界仅有四十几人获奖,2013年,在第十五届世界神经外科联合会上,陈骅博士获"世界神经外科青年医师奖",他和之前获奖的朱剑虹、李晓楠、赵耀东博士全部来自杜子威教授的"人脑胶质瘤研究团队"。有趣的是,2017年,中山大学肿瘤防治中心陈忠平教授的博士生梅鑫也获得该奖项,而杜子威是陈忠平的博士导师,并且还是杜子威劝陈忠平去的中山大学。

个国家的2000多名神经外科专家的赞誉。朱剑虹由此荣获"世界优秀青年神经外科医生"第一名的证书和奖金——这个四年一度的奖项犹如脑外科界的奥运金牌,朱剑虹成了我国第一个获得此项殊荣的青年医生。此后,杜子威的博士生李晓楠、杜子威参与指导的赵耀东博士分别于1997年和2009年再次获得该奖项。2013年,在第十五届世界神经外科联合会上,陈骅博士获"世界神经外科青年医师奖",他也来自脑神经研究室"人脑胶质瘤研究团队"。彼时,中国大陆获得世界优秀青年神经外科医生的才俊全部出自杜子威的脑神经研究室体系!

如果你以为杜子威培养人才只会"胳膊肘"往神经外科和脑神经研究室"拐",那就大错特错了,杜子威的人才观是开放的、包容的,更是具有国际视野和前瞻性的。

1978年12月,十一届三中全会召开后,对外开放的春风吹到了医学界。杜子威闻风而动,次年3月就邀请了他的导师工藤达之教授来苏州医学院访问。此后,杜子威陆续邀请他的老师和同学到苏州医学院授课、讲学,并利用同学关系在日本建立了苏州医学院进修基地。包括黄强、周岱、包仕尧等人在内,凭借杜子威私人关系的校际交流"非公派"留日学生就达二十多人,这些人日后都成为各自所在领域的学科带头人。苏州医学院相继与日本庆应大学、名古屋保健卫生大学、昭和大学等院校和科研单位建立了合作关系。庆应大学医学部脑外科与苏州医学院附一院脑外科建立了对口学术关系,日本多位著名专家如工藤达之、户谷重雄、武重千冬、神野哲夫、松本清等先后受聘为客座或名誉教授。

1984年8月,杜子威就任苏州医学院院长,主管外事和教学工作。次年,国家提出了"支持留学、鼓励出国、来去自由"的方针,一场出国热潮席卷全国。这股热潮也席卷到了苏州医学院,大量优秀苏医学子申请出国留学,杜子威为有志于学习的学生提供一切出国深造的便利,几乎是要盖章就盖章、要签字就签字。有些学生家境不好,连出国的机票钱都没有,杜子威就安排学校借钱给他们。不少干部思想观念还没有转变过来,担心学生出国留学是为外国培养人才,私底下说杜子威吃里扒外、崇洋媚外。杜子威不为所动,坚决贯彻国家"来去自由"的方针。有些公派留学生没有按期回国,他要求学校保留其学籍或编制,欢迎他们随时回来。杜子威认为,即使他们不回来,也是在为人类的健康服务,而且,有朝一日,这些海外学子还是会回来效力的,哪怕他们退休了回来传授经验,也是巨大的财富。

据统计,分布在海外知名高校、医院和科研院所的各领域苏医精英学子多达

500余名,杜子威认为这是很大一笔财产,他期待着有一天能激活这笔财产。

事实证明了杜子威的远见。2007年12月,80多名学子从世界各地赶回苏州,参加苏州大学医学教育发展研讨会暨海外医学校友大会,他们再次聆听到了老院长的殷殷期盼:增强校友们与母校的联系与沟通,促进海内外校友的大融合,进一步加强与国内外医学界的联系与交流。

早年的艰辛求学经历,让杜子威对学生的困难感同身受,他总是以自己特有的方式帮助有困难的学生,既达到了激励学生的目的,又照顾了被帮助者的尊严。

他的博士生朱剑虹接到了第九届世界神经外科联合会组委会的邀请时,因为没有路费,一度打起了退堂鼓,是杜子威以"借"的名义给了他路费,而这次赴会也彻底改变了朱剑虹的人生轨迹,如今,朱剑虹是教育部长江学者、复旦大学特聘教授、国家"973计划"首席科学家。

1982年以后,杜子威的寓所搬到了南林苑朱进士巷一号。这里环境清幽,距离苏州大学、苏州大学附属第一医院和脑神经研究室都非常近,多年来,杜子威都会挑选一位特别优秀的博士生住在他家里,名义上是帮他看看家、接收些文件资料,实际上是为他们创造更好的学习和生活环境,让他们能安心做学问。三位获得过"世界优秀青年神经外科医生"大奖的朱剑虹、李晓楠和赵耀东都在他家里度过了博士学习生涯,以至于大家戏称他家是"凤凰窝"。直到现在,他家里还住着一位年轻的学生。

杜子威常说,学医的人其实很苦的,一开始也没有多少钱,尤其是搞基础研究,如果生活都维持不下去了,就很难留住人才。1994年,他给了学校一笔钱,成立了"杜子威医学奖",每年奖励6~8名从事基础医学和临床脑外科研究的品学兼优、生活贫困的研究生。尽管他此后常住日本,但无论多忙,每年一定会回来亲自颁奖。他勉励获奖学生:我不是资本家,不是企业家,所以这有限的钱只能做一点点小事情,把心愿寄托于你们,希望将来在你们中间有人能拿个诺贝尔医学奖。24年来,受惠于杜子威医学奖的学生达140多名。由于利息太低,经常出现奖金不够的情况,杜子威每次都再掏腰包将缺额部分补齐。

不"善"为"官"

1989年3月14日,杜子威写了两封辞职信,一封给全国人大常务委员会,一封给江苏省人大常委会,分别辞去全国人大代表、全国人大华侨委员会委员、江苏省人大代表和江苏省人大常务委员会副主任的职务。辞职信用语得体,言辞恳切,辞职的理由均为父亲过世之后作为长子需要长时间滞留日本处理家庭事务,无法履行相关职务。

两份辞职信的决断力不啻当年杜志良先生卖掉生意如日中天的卢山饭店。此时的杜子威声誉正隆,他身兼一系列重要职务——苏州医学院院长,国务院学位委员会学科评议组成员,江苏省人大常委会副主任,全国人大华侨委员会委员,甚至一度有传言他要进京高就。

那么,究竟是什么原因促使杜子威做出在旁人看来简直有点傻里傻气的决定的呢? 其实,从他写辞职信的日期可以看得出来,这次辞职是早已深思熟虑过的——每年的3月份是全国人大召开会议的时期,选择在此时提出辞呈,说明杜子威已经接到了开会通知,而无论是全国人大代表还是省人大常委会副主任的辞职都需要省人大常委会决议通过。这既表明杜子威懂得"官场"规矩,也表明他善于遵照规矩办事。

在访谈之前,原苏州医学院外办主任石福熙告诉我们一个细节,按照杜子威的级别,每次回国,学校是可以给他派专车的。对于专车的使用,杜子威有两个原则:一是只有因公回来才可以接受用车,一旦因私出行产生的费用他是坚决要支付车费的;二是每次只认可一个曾经给他开过车的司机,换了司机他可能就不要这个专车了。

这就是看似性格温和的杜子威心里倔强的一面。这个倔强可以用十六个字来描述:服从决定,维护大局,办事公允,知人善任。

我们曾经问过杜子威如何做好苏医院长的工作,他的回答是:我有左膀右臂啊! 杜子威指的左膀右臂是时任苏医办公室主任的韦锡祺和外办主任石福熙。

当年杜子威从日本进口的所有器械和设备,都是委托韦锡祺去上海海关办理通关手续并带回苏州的,包括由他首次引进实验室的六对裸小鼠。韦锡祺已经过世,我们从杜子威的描述中能感觉得出来当年他是多么能干且值得信任。

石福熙的经历更具传奇色彩。石福熙20世纪60年代初毕业于解放军外国语学院,是我国培养的第一批外事人才,精通英语,办事细致干练,具有丰富的外事经验。1984年他还在欧洲跑苏州市与联合国教科文组织合作的一个职业教育项目,突然接到回国通知,叫他到苏医外办上班,顶头上司就是刚被核工业部任命为院长的杜子威。事实证明杜子威的独到眼光——石福熙娴熟地帮他解决了学生和教师出国留学的问题。杜子威只需要签字盖章,但凡有越级找他的学生,一律耐心劝他们尊重外办的工作。三十多年来,杜子威和石福熙早已超越了上下级的关系,成为一生的挚友。当我们谈到苏医在海外的500多名学子时,杜子威就一句话:这个找石福熙,他心里有一本账。杜子威回日本定居之后所有在国内的公事和私事全都委托给石福熙办理,石福熙一定给办得漂漂亮亮、滴水不漏。而石福熙至今还不知道当初杜子威是通过什么渠道了解他并把他调入苏医的。

在全国人大代表的任上,杜子威促成了中日友好医院的创建。1979年,杜子威在北京参加全国人大会议期间,时任日本厚生大臣(相当于中国的卫生部部长)的桥本龙太郎访问中国,提出希望代表日本遗族会赴东北扫墓,在遭到了中方的委婉拒绝后,桥本龙太郎向庆应大学校友杜子威请教解决办法,杜子威建议日本方面可以先为北京建设一所医院,以期日后获得中方的认可,没想到此举竟然得到中日双方政府的支持。此后,杜子威遵照卫生部的指示,担起了以民间的名义沟通日方的工作,直到日本国会通过了经费预算,联络工作才移交给了卫生部和外交部。1984年,杜子威接到了中日友好医院开院典礼的邀请,可惜因工作繁忙没能参加。

从上述例子可以看出,杜子威不仅"能当官",而且"会当官"。当2000年苏州医学院上上下下都对被合并到苏州大学而颇有微词时,作为名誉院长,他虽然略感遗憾,但还是平静地接受了组织的决定。

也许,正是他这"会当官"的一面,被组织看中,以至于连他自己都不知道缘何就做到了省人大常委会副主任的位置。1988年开始,无论是远在日本的同学,还是苏州的隔壁邻居,都风传他要进京高就的消息,而他自己却不明就里。恰在此年,父亲杜志良病重,连续写信给时任苏州医学院党委书记的印其章,恳请给杜子威放行回东京照料他。父亲的病是真的,而父亲有一件重要的事情要跟杜子威讲也是真的。这位见识过也经历过大风大浪的老华侨,生平第一次大为光火地提醒自己的长子:我叫你回去是给苏州老百姓看病的,不是叫你回去当官的。

父亲的当头棒喝,让杜子威开始重新审视自己。一直以来,他都是一个"听话的人"——听从父亲的安排,放弃自己钟爱的文学,走上了艰辛的学医之路;听从组织的安排,历任主任、院长……不知不觉就成了副部级干部。他实际上是相当不喜欢行政工作的,访谈中,每每提到某某会议,他都是用三言两语表达了对于此类话题的厌烦,让我们也感同身受他所说的"报告么念念"是多么地浪费时间。即便是第二届和第三届国务院学术委员会临床医学组"最年轻的评审委员"这种学术权威的荣耀身份,他也颇有微词——因为他是当时唯一有资格决定谁可以成为神经外科博士生导师的人,各种人情托请不断,而他也不得不放弃宝贵的数十天时间被"封闭"起来从事评审工作。

1988年10月,杜志良过世,国务院侨办主任廖晖、江苏省人民政府省长顾秀莲、中华人民共和国驻日大使唐家璇、前卫生部部长钱信忠等领导纷纷发来唁电。一介苏州平民杜志良的葬礼可谓备极哀荣,而他的临终遗言似乎就是帮杜子威下决心的:要求杜子威无论如何要保留下他在日本生活过的最后一点痕迹——那幢卖掉了卢山饭店之后买的五层楼房。

借着这个机会,杜子威在众人讶异声中毅然辞掉了人大的职务,并于1993年离任苏医院长之后开始常住日本。他的工作重心回到了医院、实验室,回到了父亲"为苏州百姓看病"的初衷。

尽管还保留有苏州医学院名誉院长(2000年后为苏州大学医学部名誉主任,于2008年办理退休)和脑神经研究室名誉主任头衔,杜子威并不认为这是"官",他还要利用这个身份去做三件他牵挂着的事情呢。第一件事,每年的"杜子威医学奖"是一定要亲自到场颁奖的,这是他为晏成中学贫苦求学的自己和脑神经研究室的未来希望所颁的奖。第二件事,是回到苏州,他一定要到脑神经研究室转一转,走一走,听听研究计划,看看研究进度,提提研究建议。当年带回来的医学书籍、电冰柜、手术显微镜、五万转超速离心机像老朋友一样等候着他检阅。

最让他牵挂的第三件事情却没有"走走转转"那么简单。随着近年来肿瘤进入高发期,杜子威耳闻目睹苏州的乡亲因为罹患癌症而害怕至极,甚至倾家荡产,而他却爱莫能助。杜子威有了在苏州建设一家小而精的高端肿瘤专科医院的心愿,希望这所集预防、临床和科研于一体的医院,能对肿瘤患者制订针对性的科学诊疗方案,既不会让患者担惊受怕,又不用盲目跑北京、上海的大医院。

在肿瘤医院这件事上,杜子威就像鲁迅笔下的祥林嫂,逢人便讲,见人就说。终于,2008年5月,苏州大学真的有了这个计划,请他当总指挥。杜子威异常兴奋,他用三个月的时间把世界上所有肿瘤医院的资料收集好了,把苏州市的肿瘤病患数字都统计清楚了,肿瘤医院的全套建设方案做出来了,并请石福熙调出脑子中的那本账——邀请在海外专门搞肿瘤研究的原苏医学子回国参加肿瘤医院的建设。

可惜报告按计划完成并送上去之后,因为种种原因不了了之。他没有气馁,依然在为肿瘤医院的创建奔走,访谈中,他说过的一段话让人泪奔:

"我是本地人,亲戚朋友很多的,都在骂我。我小名叫囡囡,他们说,囡囡,你没有用。生一个癌,我们就倾家荡产。跑到上海去,住什么地方不知道,要多少钱也不知道,到底怎么样也不知道,叫天天不应,叫地地不灵。你在苏州干什么的?一点也不帮忙。我们没有做工作啊!病人到处跑。我只有红着脸,没办法说。"

其实,那个一心要为苏州老百姓看病的、纯粹的杜子威一直在那里,从不曾离开。

我们向杜子威的同事和学生做过这样一个假设:假如他不是从1993年之后定居日本,而是一直待在苏州工作,会怎么样?他们的回答惊人地一致:评选上院士肯定没有问题,脑神经研究室的经费和受重视程度也绝对不一样。然而杜子威的回答却是:院士也是官啊,我不要做被人在后面指指点点的官。

把根留住

杜子威认为,做一切事情都要重视本底[①]。脑神经研究室就是做本底工作,不是做放射线的本底,而是脑肿瘤细胞的本底。脑肿瘤细胞膜上有很多种蛋白质,只有一种一种去研究清楚,才能最终找到治疗的方法。脑神经研究室的切片也是本底,是今后一切病理研究的重要工具。因为重视切片本底工作,杜子威生平第一次参加了脑神经研究室采购切片机的招标工作,在他的坚持下,脑神经研究室全部用的是莱卡切片机。他不无自豪地说,这是苏州最好的机器,做出来的片子绝对好。

杜子威认为他赠送给苏州大学图书馆的各种古籍也是本底。我们如果想要了解日本人为什么看不起中国人,甚至侵略中国,究竟是什么道理,就要研究历史。而研究历史只看文章是不行的,一定要看本底,这个本底就是旧书古籍。因为新书可以篡改,旧书古籍是不可能改动的。如果我们既懂日文也懂中文,就可以通过阅读这些古籍做到知己知彼,也许就能破解这件事情。这也是为什么杜子威要去神田街一本一本买那些古籍并像蚂蚁搬家一样搬到苏州的原因。

---

① 本底,是人类不同生活环境本来存在的辐射量。此处借指基础性工作。

在访谈杜子威的过程中,我们一直尝试搞清楚一个问题:当我们谈论杜子威时,我们在谈论他的什么?他做任何事情都不疾不徐,但是有主有次,有头有尾,把握大局,又抠细节。性格温和却行事果断,不做的坚决不做,要做就做到最好。他知人善用,淡泊名利,在舍与得之间,举重若轻。

讲到个人生活时,他语言并不流利,且经常以"不知道""忘记了"来回应。当讲到如何做手术、如何建实验室、如何建肿瘤医院时,他又可以滔滔不绝。而当讲到高校近亲繁殖论、院士制度、论文博士时,他又可以慷慨激昂,金刚怒目。

在回国接受我们访谈之前,杜子威生了一场病,他得了禽流感,高烧不退,直到吃了Tamiflu(中文名"达菲"①)后,他的病立马就好了。杜子威告诉我们,Tamiflu就是用中国的八角提炼的治疗禽流感的特效药。他很为屠呦呦获得诺贝尔医学奖感到骄傲,觉得中国传统中医里面有无尽的宝藏等待挖掘。

可能有人会说,杜子威的成功是因为他有一位有钱的老爸。可是,谁又能想到,当年给他买仪器设备的钱其实是他爸爸分给他的那部分?谁又能想到,为了遵从他爸爸保留住东京那幢房子的遗愿,他借了大量银行贷款来支付巨额遗产税和房屋修缮费?谁又能想到,为了偿还银行贷款,他要同时在两家医院坐诊,并到庆应大学上课,直至今日依然还有贷款未能还清?谁又能想到,即便如此,为了激励青年学子安心投身基础研究,他依然在1994年捐出一大笔钱设立"杜子威医学奖"?谁又能想到,为了有人日后能以他买回来的古籍作为本底,搞清楚日本为什么看不起我们中国人,他在经济不宽裕的情况下依然坚持去买书回来赠送给苏大图书馆,仅《湖月抄》就花去了他一个月的薪水!

是什么造就了传奇杜子威?是名师的言传父母的身教,是格物致知、诚意正心、修身齐家治国平天下的中国传统文化。杜子威讲的本底,其实就是中华文化的根。寒山寺的钟声千年不断,无论你走到天涯海角,你的根始终深扎在养育你的这片厚土。杜子威的父亲如此,杜子威同样如此。太湖之滨,姑苏大地沧海桑田,一切都在日新月异,但不变的,是杜子威为乡邻悬壶济世的家国情怀。

---

① 达菲(Tamiflu)被认为是目前世界上公认的能够治疗禽流感的唯一有效的药物,它是由我国特有的中药材八角的提取物——莽草酸为原料合成的。

专访

寻根溯源

- 我的外科手术做得好，手指头比较灵敏，跟从小掐豆芽菜的根有关系。
- 现在说他们是大家，当时我们只是觉得好笑，那真是在下面笑得一塌糊涂。
- 那个时候考试太紧张了，有点吃不消，看点古籍逃避一下。

祖籍杜家角

马中红（以下简称"马"） 您的同事都习惯尊称您为"杜院长"，我也这样称呼您吧。我想问的第一个问题是，您祖籍苏州，具体在苏州哪里？

杜子威（以下简称"杜"） 苏州浒墅关，新中国成立后叫通安公社①，现在不知道叫什么了。

马 通安和浒墅关都在的，是两个镇，现在都属于苏州高新区。

杜 浒墅关那里有座真山②，山下面有个小村庄，叫杜家角。我的祖先，哪一年、从什么地方迁到杜家角就不太了解了。我没看到过家谱。

马 真山是阳山的余脉，20世纪90年代因为发现了真山大墓，名声大噪。您出生在杜家角？

杜 不是的，我生在日本。我的三代之前的祖先住在那里③。后来不晓得发生了什么事情，我曾祖父离开杜家角跑到苏州城里来了。

马 您小的时候并没有在浒墅关那边生活过？

杜 没有。以后我祖父在苏州松鹤楼做堂倌。他生了两个男孩子，三个女孩子。大儿子后来也在松鹤楼做事，我爸爸是他的第二个孩子，在苏州景德路的一个饭店当学徒，学厨师。三个姑妈就在家里缫丝④，赚点钱生活。后来，我爸爸在苏州结婚了，不久之后，他一个人跑到上海去工作。30岁的时候，又从上海到日本去了，一个

---

① 1958年9月24日成立通安人民公社，1983年建立通安乡，1994年撤通安乡建通安镇。
② 真山现在属于浒墅关镇，主峰海拔76.9米。有春秋战国时期墓葬，出土众多珍贵文物。真山附近建有真山公园，属于通安镇。
③ 可能是杜子威的曾祖父。
④ 将蚕茧抽出蚕丝的工艺概称缫丝。

杜志良（1901—1988）

杜子威的妈妈杜伊代（1904—1986）

人跑到了东京。

马 那时候，出国的人肯定还是比较少见的，尤其在苏州，因为苏州人一般都不大愿意漂洋过海的。您的祖父母舍得他去日本？

杜 他是日本人请过去的。当时有个日本人非常欣赏他，这个人在东京有家很大的饭店，看中了我爸爸的厨艺和为人，聘他去做厨师。我爸爸是二儿子，我伯父在苏州，就在祖父母身边。第二个儿子嘛，相对就自由一点，就跑出去了。他到东京做厨师以后，再跟我的妈妈结婚。

马 然后您就出生在日本？

杜 是的。苏州的妈妈①当时还没有生孩子。爸爸一个人到东京后再结婚，生了我。

马 您的亲生妈妈是日本人？

杜 她本来是日本人，但是跟我爸爸结婚后，根据当时日本的法律，要脱离日本国籍加入丈夫的国籍。妈妈的名字本来叫高黎いよ，日文的，以后改成中国名字，叫杜伊代。所以她的护照是中国的护照，国籍也是中国的国籍，我们一家都是中国国籍，没有日本国籍。

---

① 1912年公布的《中华民国临时约法》虽然明文规定实施一夫一妻制，但受战争影响，一直没能真正落实。在当时，一夫多妻还很常见。

中华人民共和国驻日大使馆1996年开具的杜子威与父母关系公证书

马　您是什么时候知道自己身份的?

杜　1950年妈妈带我去做身份登记手续,日本政府办事的人问,你是哪年哪月生的? 我说,1932年生的。又问,在什么地方生的? 我说,上野生的。他说,哦,资料都烧光了,无法查验了。战争期间房屋被夷为平地,全部东西都烧光了。我记得是东京都台东区上野,所以我现在的护照上面就是这样写的。

马　"昭和五年4月5日,中华民国江苏省苏州城内狮林寺巷79号,杜志良。"这是您爸爸在苏州的地址了。那么您爸爸妈妈怎么认识的?

杜　在日本人开的饭店里认识的,我爸爸当大厨,妈妈是店里的服务员。打仗①的时候这个饭店也全部烧掉了,就在上野那个地方。

马　是日本人开的中餐馆?

杜　对的,日本人开的中餐馆,但日本菜也有。

---

① 二战时期,美军对日本本土的轰炸。

含辛茹苦的苏州妈妈

马　您苏州妈妈还健在吗?

杜　她已经过世了。我五岁那年,妈妈生了肺结核,怕传给我,又开始打仗了,爸爸就把我送回苏州,交给我的祖父母抚养,我就跟着祖父祖母和苏州的妈妈一起生活。后来战事吃紧,东京被美军轰炸,基本烧光了。我的日本妈妈带了一个弟弟一个妹妹逃到她在千叶县的乡下老家,我爸爸就带着另外一个弟弟一个妹妹回中国了。

马　您爸爸回到苏州那几年还是当厨师吗?

杜　没有当厨师,好像是做点煤炭生意。我不太清楚,做得也不太好。1945年第二次世界大战结束,他就回日本去了。

马　您和弟弟、妹妹跟着父亲一起回日本了?

杜　我们还在这里,三个人都在苏州。这期间,我的祖父母相继离世。苏州妈妈也生了一个孩子,她带着我们兄弟姐妹四个人生活。

马　苏州妈妈带着四个孩子靠什么为生呢?

杜　日子非常艰苦!苏州妈妈是没有工作的,主要是在家里做豆芽菜来卖。当时我们家住在北寺塔后面的大关帝弄[①]13号,不知道现在这个弄堂叫什么了。每天晚上,我们发豆芽菜,给豆芽浇水,夏天最辛苦,半夜里要给绿豆芽、黄豆芽浇两次水,这个我能做的。豆芽菜拿出去卖之前要掐根,把根掐掉,这是我的拿手好戏。所以我的外科手术做得好,手指头比较灵敏,跟从小掐豆芽菜的根有关系,哈哈。

马　童子功啊!您苏州妈妈非常了不起!

[①] 应为关帝庙弄,位于塔影弄北面,东起石塘桥弄,西至北寺塔东山门,长146米,砖砌人字路面。

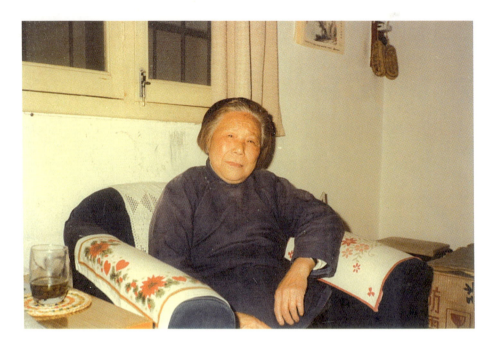

杜子威的苏州妈妈范秀云

杜志良（前排右一）、范秀云（前排右三）和杜子威（后排左二）在苏州

杜　对，非常了不起！我很感谢她。她对我非常好。日本人占领苏州时，苏州妈妈带着我们，跟祖父母一起逃到浒墅关去了，逃到老家杜家角，之前我并不知道老家是在浒墅关的。

马　那时候，你们乡下还有房子吗？

杜　有一个小房子，还有一块田。杜家角一共有十户人家，当时住了九家，还有一家没人住的，就是我们的房子。老家人对我们蛮客气的，他们领我们到田里，告诉我们那个秧田就是我们家的。我们在杜家角住了一年多，在那里种田谋生。

马　您也种过田？

杜　我们年纪小，做不了什么，就种种菜，拔拔草。后来我生病了，生了疟疾。

马　您在乡下的时候？

杜　在乡下生了疟疾，三天发烧一次，高的时候要四十度，很苦很苦。苏州妈妈带着我们过得很辛苦，没有钱，乡下医疗条件又差。实在没有办法了，就回到苏州，去博习医院看病，吃了一点药，马上就好了。

马　那真是很辛苦。等您博士毕业从日本回到苏州，苏州妈妈应该还健在的吧？

杜　我1972年回来，她还健在，我就叫她和我们一起生活。

马　如果可以比较的话，您跟苏州妈妈和日本妈妈的关系哪边更好一点？

杜　跟苏州妈妈吧！跟苏州妈妈生活的时间更长一点。日本妈妈，我当时已经记不起来了，都忘了。后来我从苏州去东京时，见到她，都不认识了。

马　您离开她的时候太小了。

杜　对。

马　小的时候，你们真的很艰苦。您说苏州的妈妈对您很好，怎么个好法呢？您还记得一些故事吗？

杜　想不起来，反正蛮喜欢我的，都是很自然的，没什么特别的。

马　四个孩子中间，您是老大，是不是要承担更多？

杜　对，上学没有钱，我就去借钱，这是我的工作，一家一家去跑。我们欠了很多债，向亲戚都借了钱。妈妈一个人挑了担子去卖豆芽菜，赚不了多少钱，弟弟要念书，妹妹生病要去看医生，都要钱，所以生活很紧张。我在上高中，学校还算好的了，知道我是贫困的孩子，给我免学费了。

马　您当初去借钱是什么心情呢？

杜　什么心情？去向亲戚朋友借钱，他们都知道，杜子威你来啦？又来借钱啦？人家心里想,我们的孩子都不上高中,你没钱还上高中,是什么意思?

马 一次两次可以,次数多了肯定不太好借。

杜 要等爸爸寄了钱回来,我就马上去还,打个招呼。都蛮难的,亲戚嘛,一次两次可以的,一年两年下去不行了。

马 你们懂事之后,会不会怨爸爸?比如说像您,看到妈妈也很辛苦,要照顾那么多孩子,然后爸爸那时候钱也寄不回来。

杜 什么怨不怨的,没想过。每天忙得要命,半夜里还要起来干活,反正小时候都是这样过来的,也就无所谓了。

马 真的是不容易。当时能读高中的人不多吧?

杜 那时候读高中的人很少。当时我们家里就是我一个人读高中。

马 当时是谁要求您读高中的?还是您自己想读?

杜 自己想读。

马 您当时想读书有什么想法吗?

杜 读读书嘛,可以找到一份工作,能够生活下去,就是这么想的,没想其他的。

马 你们那个时候什么样的工作是属于比较好的,或者是自己想做的?

杜 做做生意,或者做老师教书也是可以的。这样就要去念书,不念书不好做老师的,大概有这个想法。

马 那个时候家里那么困难,苏州的妈妈没有叫您不要上学了,出来帮家里做事吗?

杜 她没有说这些,她喜欢我的,对我很好,她听我的。我说要上学,没钱。她说那你去借,我就去借。

马 当时去晏成中学的时候,您是怎么知道可以免费上学的?

杜 开始不知道,我们家隔壁有个中国的牧师,可能是他介绍的。要入了教参加唱诗班才给免费上学的,而且这个唱诗班人家结婚的时候要去唱诗,死人了也要去唱诗,教会里搞活动都要去的,所以一个星期很忙,不光是做礼拜才有事,和上班是一样的。我后来到日本就脱教了。

教会中学的国学老师

马 我看资料说1939年到1945年期间您是在善耕小学上学？在善耕小学都学点什么，您有没有印象？

杜 善耕小学的事情记不起来了，同学都还认识的，我们还有交往。同学以后都到晏成中学了。

马 1945年您上晏成中学的时候苏州还没解放呢，这所教会学校有什么课程？

杜 就是普通的高中呀，英语是一个叫Carl Henger的德裔美国人教的。中文嘛，

杜子威和朱季海（左）在双塔公园（摄于2000年年初）

我有一个老师叫朱季海①，他是有名的语文老师。

马　能不能跟我们讲一下，这个老师是比较有个性的吗？

杜　太大的个性了。他上课的时候，拿一大袋线装书放在桌子上，讲的内容和课本根本没关系，喜欢讲《楚辞》②，大家实在听不懂。

马　《楚辞》太难了。

杜　他是研究《楚辞》的。研究"小学"③，讲究字的音韵等等。我开始还想，"小学"是什么？我们学生听得头痛。考试比较好，每人写一篇文章就行了，多少字不管，你想什么就写什么，题目也没有。

马　自由发挥。

杜　他说，你们考试写篇文章就行了，听课你一定要听。我听说，他本来不愿意做老师，是生活困难才出来的。

马　高中两年都是他教的吗？

杜　两年都是他教的。

马　那这个影响可能对你们还是很大的。

杜　影响的确有的。后来我每次回国都喊他出去吃吃饭、聊聊天。这个老师很奇怪的，他每天到双塔喝茶④，他喝茶不要钱的，你知不知道？

马　双塔是他的工作室吧？

杜　对，他去了工作人员就给他泡茶，不收钱的。这么厉害，我们都要付钱，他就

---

① 朱季海（1916—2011）：上海人，后居苏州，以章太炎弟子名于世，"章氏国学讲习会"发起人、主讲人。章太炎称赞朱季海"真所谓千里驹也"。时有"面目俊秀，言吐风雅，惟恃才傲物，旁若无人，盖亦狂狷之流"之谓。在东吴大学附中时，与蒋介石之子蒋纬国、杨度之子杨公兆同学。青年时期的朱季海曾经自刻一印，名曰"中华民国少年"。谋生时曾以"长官无目"对以"目无长官"。新中国成立后，独立治学不谋生。好友李根源在20世纪50年代作诗咏之："学业日日进，生活日日艰。一顿饱难得，何将度长年。"以朱季海后半生印证，一字不差。
② 抗战时期，朱季海开始写作《楚辞通故》，该书在王逸《楚辞章句》与洪兴祖《楚辞补注》的基础上，对于《楚辞》进行了全面研究，涉及校勘、训诂、谣俗、名物、音韵等五个方面。是书利用荆楚、淮楚之间的方言、风土、习俗等传世文献与出土文物，对于《楚辞》从语词到意涵都做出了准确而深刻的解读。《楚辞通故》典范式地呈现了以小学为核心、博通诸学的章门治学理路。而朱季海也凭借此书奠定了他在中国楚辞学界与训诂学界的大师地位。
③ 包括文字学、音韵学、训诂学，围绕阐释和解读先秦典籍来展开研究。
④ 每天都去双塔公园，是"因为没有其他地方可以去了"，朱季海家住观前闹市区，卧室就在街边，晚上睡不好，去双塔可以"补觉"，也可以运动，呼吸新鲜空气。

不用付钱。

马 你们后来跟他见面,他会不会还跟你们讲《楚辞》?还关心你们的文学爱好?

杜 不,他讲他自己的。他最感兴趣的是古画。他懂德语、日语、印度的国文[①],蛮厉害的。

马 他是个大才子啊。

杜 大才子。我也搞不清楚他到底在搞什么东西。我要回日本去的时候,他送给我一本刚出版的《楚辞解故》。

马 他研究《楚辞》及其相关的书。

杜 他说你有工夫就看看书。他反对我做医生。做医生你不能杀人,你要救人,他跟我讲这句话。

马 他是希望您能够继续学文学?

杜 对,他希望我继续学文学,不要做医生。

马 朱季海老师给你们上课、讲诗歌的时候,他会吟诵吗?

杜 朱季海老师不会。另外一个叫汪伯荷的老师,很有名的。他是清朝的举人,他能吟诵,上课的时候他还能唱昆曲。

马 他也给你们上课啊?

杜 对,他上课的时候会给我们唱。

马 杜院长,您也会唱的,是吧?您给我们吟诵一下吧。

杜 真的啊?难为情的,我是医生呀!你不要讲这个话。

马 没关系的呀,中国的好医生都是多才多艺的。

杜 (唱)"月落乌啼霜满天,江枫渔火对愁眠,姑苏城外寒山寺,夜半钟声到客船。"不能再唱了。

马 唱得好,词您是用苏州话唱的,发音、咬字全都是苏州话,调是那种吟诵的调。

杜 你不要告诉人家,人家要是来叫我唱,我吃不消的。看病我能看,唱是不行的。

马 这个其实是一种雅趣。

杜 这是我个人玩玩的,不好到处讲。

马 那您这个是怎么学的呢?

---

① 即梵文。

杜 没有学，汪伯荷老师唱嘛，我们学生就在下面唱唱玩玩。还有昆曲，他也唱，古里古怪的。他在上面唱，我们在下面笑。

马 可能下了课以后就学了。

杜 学了一起唱唱，玩玩。没有好好记住，就记住这一首诗。

马 汪伯荷老师也是您高中时候的语文老师吗？

杜 对，语文老师。当时生活比较苦，所以很多人都出来做教师。他原本是当官人家出身的，他的家很大很大的，家门口有写着"肃静回避"的石碑。

马 属于官宦子弟。后来是因为生活穷苦，所以出来当老师教书？

杜 嗯，朱老师也是这样的。

马 这两个老师都是大家哦！所以对你们的影响真的还是很大。

杜 现在说他们是大家，当时我们只是觉得好笑，那真是在下面笑得一塌糊涂。

马 觉得好玩。

杜 一个是唱唱唱，一个是写写写，哈哈！

晏成中学1950届高中毕业纪念册，有教职员工通讯录和同学通讯录，其中的任课教师有朱季海与汪伯荷

神田街上淘中国古籍

马　您对中国的古籍、版本学的兴趣，是不是跟当年的学习有关系呢？

杜　可能有点影响，为什么这样说呢？因为后来我在日本考大学的时候，一开始没考上，就去上补习学校。日本东京有条街，叫神田街①，有几百家书店，我上的补习学校也在那里。这是很奇怪的地方，有几家专门卖中国古书的店。我经过这些书店，就进去看看中国的古籍、线装书，古代的、现代的都有，当时还买得到，价格很贵。

马　现在还有吗？

杜子威在东京神田街（摄于2018年秋）

---

① 世界闻名的书店街，指神田街区以神保町为中心的四周云集着几百家新旧书店的地方，形成于1890年。现有170多家书店，旧书店有140多家，几乎集中了全国2/3的旧书。内山书店、东方书店和燎原书店三家专门出售中国册本。

杜　现在还有，比较少了，我经常去翻翻，稍微买几本看看。

马　经营中国古籍书店的是日本人还是中国人？

杜　日本人。这些书店都很有名的，以前鲁迅、郭沫若在日本留学的时候都经常去，跟鲁迅关系非常好的内山书店①的老板就在那里。他们对我们这种穷学生还是比较亲切的，你稍微翻翻看看，他都不讲话的。

马　可以进去看看，做做笔记没关系吧？

杜　笔记大概不好做的。我那时不想考医学，不想做医生，受了朱季海的影响嘛！

马　那个时候，您是不是觉得看看中国的古籍会特别亲切啊？

杜　对，是这样的。甲骨文很多，罗振玉研究甲骨文的书都是在日本出版的。

马　我觉得，因为您上高中时期是朱季海老师教的，他那种教学方法可能是春风化雨式的，您可能自己当时没有感觉出来。

杜　当时自己没有觉得。

马　他是慢慢慢慢让你们去接触这些古诗文，其实是逐渐培养出来的感觉，我觉得是潜移默化的。

杜　大概是的。

马　那您在日本什么时候开始买这种书呢？

杜　开始没钱，买不起，价格相当于现在几万块人民币，那种书只能看看、摸摸。甲骨文的书更贵，很贵很贵的。

马　当时到书店里去看这类书的人多吗？

杜　不多的，日本人就不去看这种书，看不了这种书。

马　一般的中国留学生会去看吗？

杜　中国留学生也很少去看。

马　要真正有兴趣的，像您这样的才会去看。

杜　都是个别的。

---

① 上海内山书店，由内山美喜、内山完造创办，1917年开设于虹口北四川路魏盛里（现四川北路1881弄）。1929年迁至北四川路底施高塔路（今山阴路）11号。主要经售日文书籍，最初经销日本觉醒社出版的基督教的书籍，后来扩大到南山堂等出版的医学书籍，也经销同仁堂出版的译成汉文的医学书。鲁迅在购书中结识了内山夫妇，结为挚友。20世纪二三十年代，国民党政府"文化围剿"，进步书籍被查禁，该店是销售进步书籍的主要场所，又是中共和进步人士的重要联系地点。方志敏在南昌狱中的书信文稿，就是通过书店送到鲁迅手中转达中央的。东京的内山书店是它的姐妹店，1937年迁到神田。

杜子威将收藏的珍贵古籍捐给苏州大学

2019年5月，杜子威又捐赠了一批书籍给苏州大学图书馆

马 我想也是，要是没有兴趣，可能就不会去看。您和那些书店的老板有没有交往？

杜 老的稍微有点交往，最近有几个都过世了。我只能买一点比较便宜的，以后台湾翻版①的出来了，翻版的线装书也卖，这个我买得起。

马 两者之间的价格差异大吗？

杜 很大很大。台湾的翻版书价格大概是原版书的十分之一，这个买得起，这个我买的，现在都交给我们图书馆②去了。

马 您捐给我们图书馆的就是这一类吗？

杜 甲骨文、古籍书也有，我当作兴趣买一点。我对明版③的书籍感兴趣，零散的、不成套的典籍，可以买一点。因为看古籍是讲究版本的。

---

① 应是新版，新印刷的版本。
② 苏州大学图书馆。
③ 明代印刷的版本。

2018年，杜子威在苏州大学图书馆做版本学讲座

马　您这个版本学的概念是通过朱季海老师学到的，还是从什么时候开始有这个兴趣？

杜　这个不知道，是自然而然的，我们没有上过明确的版本课。

马　但您喜欢去关注明版，那在这之前您是怎么知道版本这个概念的？

杜　是书店老板讲的。书店铺子上乱糟糟的，有的时候就那么一本书，老板就跟我讲：几百块钱，你要的话，卖给你吧。那么我就买来看看，好玩嘛。宋版[①]的根本看不到。

马　所以您对古籍书还是很有感情的。

杜　什么感情不感情的，那个时候考试太紧张了，有点吃不消，看点古籍逃避一下。你想想，要考德文、英文、日文，难得不得了，就逃避。

---

① 宋代版本，无论是书写还是刻印都相当精美，形成鲜明的时代特征，为后代推崇仿效。存世宋版图书被称为世界上最昂贵的书籍，明清时期，藏书家就已经竞相搜求。"一页宋版，一两黄金。"曾流布坊间，2003年，一页1244年（宋淳祐四年）的蒙古刻《玄都宝藏·云笈七笺》（请注意是蒙古刻，请注意是一页）以49500元成交。

2019年5月,杜子威在苏州大学图书馆做"和版"汉籍讲座

马　因为您那边的学习目的很明确,就是为了医学考试用的,压力大了以后就去找一些不为任何目的的书看看。

杜　对。逃避一下,之前老师也没教我们什么呀!

马　朱季海老师教你们,可能不是教你们功利的东西。

杜　他可能讲过:这本书是明版的书,我今天带来大家看看。大概这样讲过。但从来没讲过宋版怎么样、明版怎么样。书,他是带来过的。

马　他会带给你们看,允许你们上去翻吗?

杜　那没有。"文化大革命"期间他的很多书都给图书馆拿去了,他一直在嘀咕这个事情,说那边:不还给我,不还给我。

马　是"文化大革命"的时候被收走的吗?

杜　对。

马　后来他没去要回来吗?

杜　没有,不给他啦。

负笈扶桑

- 我去考大学，本来我想学文学。我爸爸讲，不行，你念了文学没有饭吃的，你学医。
- 我从东京来的第二天，医院里非常郑重其事地开了一个酒会，欢迎我这个小巴腊子，喝酒啊，跳舞啊，我还喝醉了。
- 在日本学医的话，都要有医学博士学位，因为如果是要开业的话，一定要挂牌子：医学博士谁谁谁。不是医学博士不能挂牌子的。
- 1949年我还没去日本呢，所以我爸爸的事情我基本上都不知道。当时我还在苏州念中学，是最苦的时候。
- 我说要回国，她说好嘛，一起走，大家回去吧，她马上同意了。

遵父命弃文学医

马　您是回日本之后再学日语的？

杜　对，再学日语，再考高中。

马　您花了多少时间学日语？

杜　我回去以后，爸爸稍微有点钱了，帮我雇了一个家教，是东京大学的教授，叫熊谷百三，一个星期来两次。当时日本穷得不得了，吃的东西都很紧张。我家里是开饭店的嘛，请他吃饭、请他喝酒，然后他一个礼拜教我两次日语。他很高兴，我也得益了，他是教授啊，所以我学得很快，学了一年多。后来，他介绍我到一所高中，校长是他的同学，叫我去考，考进去了念高三。

马　那您觉得，当时在苏州这边学校里学的东西，和日本同等学力的学校相比，是高还是低呢？

杜　第一个感觉就是数学还是不错的，数学跟得上。理科也基本上差不多，英文基本上没有问题，但是要翻译成日语就难了。苦就苦在要翻译成日文。

马　就是说，您在这边接受的中学教育，到日本去，知识方面都没有问题？

杜　基本上没有问题，但是化学有问题，化学元素的字记不住。

马　中国的字和那边的字不一样。

杜　都不一样，氧气啊，氢气啊，这个都和我们不一样的，化学方程式的字都不一样，念不出来。后来我去考大学，本来我想学文学。我爸爸讲，不行，你念了文学没有饭吃的，你学医。

马　所以您在日本学医，其实是您爸爸替您做的决定。

杜　学医，你知道，日本最难的就是学医。学法律、经济都好一点，最最难考的是医学，我考了三次，第一次考漏题了，没有考上，第二次也没有考中，第三次才考

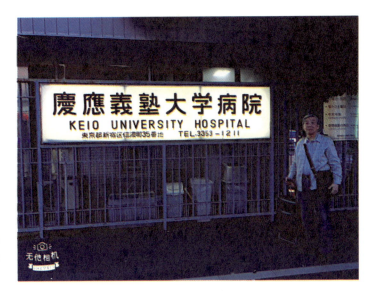

杜子威在庆应义塾大学医院（摄于2018年秋）

上了。

马 日本高考也是一年一次吧？

杜 一年考一次。

马 主要还是语言问题没考上吗？

杜 语言不懂的话，其他课程也是什么都不懂啊，没办法的这个东西。

马 其实您原来在中国学习应该还是非常好的，主要是转换了一个语言之后，肯定要有几年的过渡时间，对吧？

杜 对，并且医学特别难考。一般两年三年没考上是很正常的，无所谓，不丢脸的。

马 太难考了。

杜 都说太难考了。我考的是东京大学和庆应大学，东京大学是国立的，庆应大学是最好的私立大学。最后考进庆应大学的就我一个中国人，其他都是日本人。

马 当时日本学医的同学都是什么样的人？

杜 都是有钱的，医生的子女比较多。日本开私立医院的，都要向国家借钱购买设备，拿自己的医院做担保。

马 借国家的钱开私立医院。

杜 他要慢慢还债，不是一下子还得清的。医生如果去世以后，家里一定要有人当医生来接班，子女不是医生，国家就要把医院全部收回。如果子女是医生的话，那你继续干下去。

马 那么还清以后应该就属于他们自己的吧？

杜 基本上还不清，医疗设备要一直更新的。

马 您当时在庆应大学的学费怎么样？

杜 庆应大学是学费最低的一所私立学校，和公立大学差不多。其他学校则要你捐款，不捐款不能进去。举个例子，我第一次报考了三所大学：东京大学、庆应大学、顺天堂医科大学。顺天堂医科大学考取了，他提出要求，除了学费，还要交2000万日元的赞助费，太贵了，我就没去。后来我考取了庆应大学，只要35万日元的学费。东京大学的学费大概只要十几万日元。

马 当时的35万日元是什么概念？

杜 一般教授的工资是5万每月，一年60万。

马 当时综合性大学的医学院和医科大学有什么差异吗？

杜 医科大学偏向于临床，综合性大学的医学院偏向于研究。日本的大学要学一年半的公共课，像法律、政治、经济、心理、美术等，以后再去医学院，和医院合在一起。

马 就像原来的苏州医学院和附一院一样的？

杜 对的。医学院和医院是在一起的。

马 本科的时候要分科吗？

杜 不分科，什么都要学。

马 您学习时有没有觉得有什么难度？

杜 语言比较复杂一点，拉丁文、希腊文、日文、英文、德文都要学，德文是第一次学，有点紧张，第一次德文考试差点没及格。

马 德文是刚开始进去的第一年学的吗？

杜 不不，一直都要学的，要学两三年。庆应大学有个奇怪的现象，进了医学院，由一个教授负责五个学生，从进去到毕业，他一直跟我们的。每天要碰两次头。这个教授要照顾我们学生的，每年还要一起出去旅游，考试考不过的话也是去找他，他可以帮你申请再考一次。我第一次德文考试不及格，就是由这个教授打电话，让我再考一次的。我们五个人一个小组，由他管，什么事都要跟他商量，他不教课的,是上面安排下来的。一直管到底。

马 他是真正的教授,不是教辅人员?

杜 是教授,管我们的教授碰巧是医学院院长。

马 这个职位有特别的名称吗?

杜 没有。我印象很深,教授带他夫人和我们五个人去伊豆泡温泉、喝酒。

马 这是什么时候的事呢?

杜 应该是二年级,分到他名下了。他一直照顾我们到毕业为止,什么都管。这个听说是德国的一种制度。其他学校没有这种制度的,只有庆应大学才有。我们的考试都是口试,五个人一组同时考。一个题目拿出来,第一个人答不出来,就由第二个人回答。通过了,再拿一个题目再来答。

马 是口试,不用笔试?

杜 是口试。比如,考解剖学,老师拿块骨头出来,问,这个地方叫什么?不用写的,就是口头回答。

马 这种制度、这种考试的方式,跟您回到中国以后在医学院当教授的时候不一样吧?

杜 不一样的,庆应大学这种制度很特别。包括皮肤科,也是一样的,皮肤有模型的,皮肤科最难了,名称非常复杂,都是拉丁文。

马 你们考试的时候是用日文来回答?

杜 有的时候要用英文回答,外国教授也有的。

马 给你们开课的外国教授多吗?

杜 很少,德国教授就要用德文来回答。解剖学都用拉丁文和希腊文。

马 感觉您现在还有阴影,好难。

杜 每一根骨头,上面稍微凸起一点,都有个名称的,上面是什么凸起?要用拉丁文或者希腊文来讲。凹进去的地方,为什么凹进去?也要讲出来。肌肉的每一个地方叫什么名称?这些都有名称的,主要是考名称,名称就有几十万个。

马 就是把人体解剖到任意小的地方了?

杜 对。凸的、凹的,都有名称的。考试的时候拿出来,随便指着一个地方都要讲出来,所以都是口试。这是一种特殊的教学法,大概古代欧洲是这样搞的。

马 以您这么多年从医的经验来看,那种小到凸起凹下去,都要用语言来表达,有必要吗?

杜　像我们的脑子,有很多名称的,这个名称记不住的话,就不好诊断,不好诊断就查不出症状来,就不好治疗。

马　那您如何克服这个难关呢?又是语言难关,又是那么多名称?

杜　跟学历史一样,想各种办法背。

马　当时有没有再请家教教您德文或是希腊文?

杜　没有,只能自己硬着头皮搞。

马　您当时是住在家里还是学校?

杜　住在外面。家里生意忙得不得了,饭也吃不上。我在学校附近,租了一个私人的房间。

马　吃饭怎么办?

杜　早晚饭是房东提供的,中午在学校吃。我家里不给我吃啊。

马　家里怎么不给您吃?

杜　饭店很忙的,哪有我的饭,没有的。客人的饭都来不及做。有的时候在我家隔壁的小店吃点咖喱饭、面条。人家都笑,他们都认识我,看到我就说:哦,你又来了。他们挺可怜我的。

马　跟您分到一个组的都是日本人?

杜　是的,我们一直到现在还在交往呢。每年还要聚会一次。

马　他们后来都是在日本的医院工作?

杜　对。

马　现在都退休了?

杜　全部都退休了。

马　除了这个小组,您跟同班其他人一起上课的机会多不多?

杜　上课都在一起。

马　五人小组等于是课外有什么事就会找那个老师,是吧?

杜　考试的时候在一起的。

马　五个人相当于亲密的伙伴。

杜　对对,现在还跟弟兄一样。同甘共苦的嘛,一个人考不过,大家都要很麻烦的,大家要帮忙。那个考试真是伤脑筋。

马　印象中有没有哪一门考得特别好的?

杜　哈哈!考得好的没有,考得差的有。

马　您当时有没有想过打退堂鼓啊?太难了,不学了。

杜　这倒没想过,大家都在干,我也无所谓啊,年轻呀,都是要靠年龄的,现在可能不行了,都要忘记了。当时年轻,苦一点无所谓的。医学这个东西蛮难的,太复杂了。

马　而且基础很重要。

杜　医学的基础不打好,要出事的。

马　人命关天。

杜　马马虎虎看病,那是不对的。

马　当时你们一天花费的学习时间肯定很多?

杜　对。到临床了才稍微好一点。

马　到临床是三年级还是四年级?

杜　四年级开始临床,进病房。

马　进病房也是有教授指导吗?

杜　他查房,我们就跟在后面。

马　还是五个人小组一起的?

杜　一起的。

马　在大学里除了学习临床和实验之外,您的业余生活怎样?

杜　教授会带我们去游泳、滑雪。冬天滑雪,夏天爬山。

马　费用都是老师出吗?

杜　都是自己出的。老师组织我们去。

马　您不是爱好音乐吗?在大学里面这个兴趣有没有继续发展?

杜　有的,在大学里我们有一个四个人的小合唱团。

马　都是庆应大学的同学吗?

杜　对的,同班同学。

马　合唱团活动频繁吗?

杜　有空的时候唱一唱。

马　你们有公开的演出吗?

杜　有的。

马　那你们当时唱日文歌吗?

杜　英文、德文歌曲都有,唱各式各样的古典歌曲。班级活动时也唱唱。我们四个人现在身体都很好,还经常聚在一起唱唱。

马　当时有女生学医吗?

杜　只有两个女生,其他都是男的。都是日本人,外国人只有我一个。

马　女生学医的话,跟男生相比怎么样?

杜　她们成绩最好。第一名都是她们,背功好。大家都讲,为什么她们记得住,我们记不住?我们答不出来的,她们都能答出来。

马　日本的医学本科要读几年?

杜　六年,再加一年实习,所有的科室都要跑,总共七年。七年以后再考试,考医师执照。大学毕业是六年,实习是一年,这一年没有工资的,什么科室都要搞,妇产科、皮肤科,什么都要搞。这个结束以后参加国家考试。

马　日本的大学要不要搞毕业典礼?

杜　毕业典礼有的,很简单。拿到医师执照要宣誓。

马　您爸爸有没有参加您的毕业典礼?

杜　没有,他很忙的。

马　基本上不管您?

杜　没人管我,他们又不知道我毕业的事情。我告诉他们说我毕业了,他们说"好好好",就这么结束了。

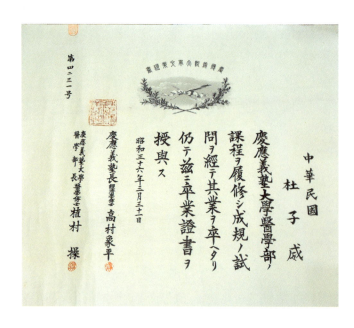

杜子威的庆应义塾大学医学部本科毕业证书(1961年)

初次实习的特殊礼遇

马　毕业以后怎么办?

杜　毕业以后,分成两个系统,一个是外科系统,一个是内科系统。要到下面医院去做医生的,因为你已经拿到医师执照了。我们庆应大学有60多个教学医院,分布在各个地方,教学医院的院长、主任都是庆应大学毕业的。那么我下去的话,医院外科主任要负责我的工作的,手把手教我,开阑尾炎、开胃切等。

马　那您当时去的就是馆林市①厚生医院吗? 您讲过馆林这个地方条件是很艰苦的。

杜　红绿灯只有一个。1961年,我家里的生活条件已经比较好了,我买了一部丰田的Crown②,从东京出发,开了一天,到了馆林市,那里有个我们庆应大学的附属教学医院。路差得不得了,开车子颠得不得了。第二天报到,医院是木头造的房子。有个查房的护士推了个车子,推着推着就要停下来,地上有个洞,大家就帮她抬过去,推着推着又碰到一个洞,上面全是火炉,烧煤的。

马　蜂窝煤,煤球。

杜　蜂窝煤,以前中国也有的,都是煤球炉子。查房的时候,医院的走廊里有一排蜂窝煤炉放在那里,是用来烧饭的。我们到病房里去呢,病人的床铺是有的。床下面也铺了垫子,陪护病人的家属就睡在那个垫子上。

马　那么这个煤炉是医院提供给他们的?

杜　不是,都是家属拎过去的。

---

① 位于日本群马县境内,距东京约有100公里。
② 皇冠(Crown)汽车,第一代皇冠在1955年下线,采用了轿车专用底盘等技术,成为真正意义上的轿车。第二代皇冠在1962年下线。

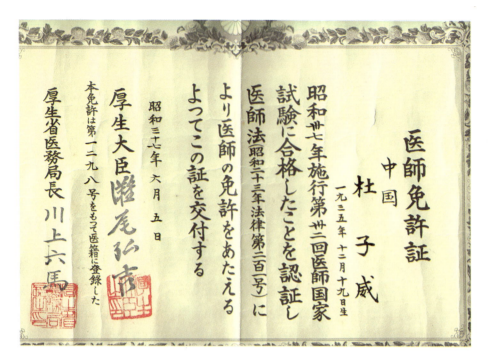

1962年，杜子威取得医师执业许可证（该执业资格证上的出生时间有误）

马 那时候东京市还是很繁华的吧？

杜 东京也不繁华，只是稍微好一点。

马 但是一出东京就不一样了？

杜 我们家是开饭店的，所以对吃饭的事情没什么感觉，觉得饭总是有得吃。我到那里一看，就惊呆了。来看望病人的，会送四五个鸡蛋过来。

马 送给您啊？

杜 不是送给我的，是病人亲友送给病人的。那个时候去看望病人，鸡蛋是最好的东西，并且只有四五个。

马 那个时候的生活水平与您当年在苏州乡下的生活水平相比呢？

杜 可能还要差一点点。生活水平差得不得了，一天吃两顿也不大可能，农民也是比较苦的。病人很多，很多人患阑尾炎，还有肠梗阻、肝炎、肺结核。内科是患肝炎、肺结核的多，病房住得满满的。外科就开阑尾炎，一天要开五六个，还有肠梗阻的。因为营养差就要患阑尾炎和肠梗阻，所以我一天到晚开刀，一年可以开七八十个阑尾炎。本来是上级医生带着我开,我是助手,后来都是我主刀,上级医生不来了。

马 开多了。

杜 在学校里呢,练习开刀是要排队的。但是在这里,是一定要叫你开的,要开得快,多得不得了。

马 那个时候你们做医生的待遇好吗?

杜 医生的待遇是非常好的,医院里给了一幢房子,就我一个人住,有好几个房间。我从东京来的第二天,医院里非常郑重其事地开了一个酒会,欢迎我这个小巴腊子[①],喝酒啊,跳舞啊,我还喝醉了。

[①] 吴语。指小孩,这里指职位较低的员工。

攻读脑外科博士

马 您在馆林市厚生医院实习一年之后就可以正式行医了吗?

杜 一年不够,还要去其他地方,要两年,主要是各科手术的数字不够,在馆林厚生医院,阑尾炎开刀比较多,但是胃切、肺切比较少,所以要去其他医院,一共要两年。

马 所以接着就去栃木县大田原赤十字医院。

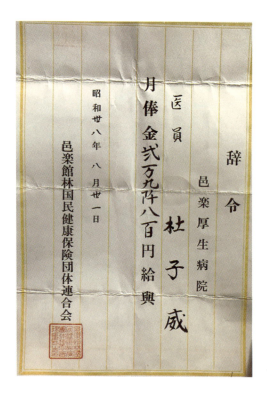

1963年,杜子威在馆林市厚生医院的工资单

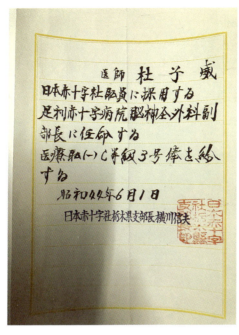 

1969年6月，杜子威一边做住院医师，一边攻读博　　1969年9月，杜子威获得医学博士学位
士学位

杜 对的，这是第二年，完了回去考试，考进了脑神经外科。相当于前两年是普外科，第三年开始分专科，我就考进了脑神经外科。再去栃木县足利市赤十字医院做住院医师。

马 那您还记得当时普外科的要求吗？比如阑尾炎要开多少例、胃切要多少例？

杜 每年的要求都不固定的。

马 进脑外科还要考试吗？

杜 要的，前面都是普外科，这个时候才开始进入专科，正式搞脑外科了，以后就一直搞脑外科了，其他就不搞了。

马 您是从1966年开始到庆应大学医学部脑外科攻读医学博士学位吧？

杜 对，这个时候就开始一边做住院医师，一边念博士研究生了。

马 日本的博士培养和中国的博士培养有什么差异？

杜 它有一种是不用交学费的，但是要根据学校的规定去其他医院工作，工作半年之后又到学校做半年研究，这样来来回回，回到学校是没有工资的，到下面医院去了有工资。这个时候工资稍微好一点了。

马 就是半年临床半年研究，不用交学费，那学校提供生活费吗？

杜 一年有7万日元的"洗澡费"①，这是从江户时代开始形成的一种传统。学校也会介绍我们周末到东京的一些小医院去值班，白班和晚班，这个有工资的，是那些医院给我们的。

马 就是换一种方法来补贴你们的生活。

杜 对，那种值班的工资蛮高的，基本上可以保证搞科研那半年的生活了。

马 1969年拿到医学博士学位？

杜 对的，拿到博士学位之后，学校里给了一个讲师的名称。

马 您博士毕业后去栃木县足利市赤十字医院做了脑外科副部长，为什么是去赤十字医院？

杜 赤十字，就是中国讲的红十字。东京周围的红十字会医院都是与庆应大学一个系统的，人事权属于庆应大学，是学校派我去的。

马 您本科有80个同学，这其中读博士的有多少？

杜 所有人都要读博士。

马 这个是规定的还是自己选择的？

杜 在日本学医的话，都要有医学博士学位，因为如果是要开业的话，一定要挂牌子：医学博士谁谁谁。不是医学博士不能挂牌子的。

马 就是说自己挂牌开诊所或开医院才需要有博士学位？

杜 没有规定，但如果你不是博士，病人就不来了。

马 人家信不过。

杜 对对，虽然有医师执照，拿不到博士学位是没有办法做事的。

马 那您80位同学博士毕业后都会留校吗？

杜 很少，都在外面。庆应大学一个科室只能有一个教授，一个副教授，讲师稍微多一点，要等到这个教授退休以后，才可以顶上去。其他人都要出去的，可以到庆应大学下属的60多家医院去。这个教授也是主任医师，临床和研究都是一起，人事权由他一把抓，全都由他管，教授要面向全国公开招募。

马 那这个竞争也很激烈哦。

---

① 日本人爱清洁，洗澡频繁，是日常必需的活动。日本人泡澡时喜欢坐在池内全身（至肩膀处）都泡在水中，这就需要去公共澡堂。进公共澡堂需要付费，澡堂提供的茶水和点心也需要付费。

杜 是的,但基本上都是自己学校的教授。

马 您为什么不留在庆应大学做讲师?

杜 留在学校做讲师,工资很低的。到下面医院工资高,还安排住房。留在东京就没有这些了。

马 所以您就选择栃木县足利市赤十字医院。

杜 对的,这个医院给我一栋房子,还带小花园,院子里有很大的牡丹花。我就是在那里结婚的。那个时候工资比较高了。

马 那时候工资有多少?

杜 大概十多万日元一个月。住房、水电、房产税都是医院交的,鼓励我们下乡。所以那个医院的水平跟东京比,没有什么差别。

马 待遇还是蛮高的。

杜 工资是高,开支也大。买书很贵,搞科研都要买书,医学的书比一般的书都要贵,都是英文原版的,价格是一般的书的两倍,后来这些书我都带回苏州医学院附一院脑神经研究室了。

马 是不是从医学院或医科大学去的人蛮多的?

杜 这是学校科室里的教授派去的,一定要去,去的都是讲师一级的。如果后续

苏州大学附属第一医院脑神经研究室的书柜,杜子威带回来的医学专业书籍基本存放在这里

有好一点的,他又把你调回东京。如果下面的医院有解决不了的病症,那么医生就把片子拿到学校去,学校里教授带大家会诊。如果下面的医生还解决不了,教授就要带上副教授一起下去,帮下面的医生开刀。不用病人去请,都是医生自己解决,庆应大学自己解决,跟病人不搭界。

马　庆应大学就像一个强大的后盾一样?

杜　是的。基层医院的医生都是庆应大学的人。一般的学生也要下去,所以下面的医生分量也重的,既要给学生上课,还要手把手教年轻医生。教了以后,医生要打报告,有什么优点或缺点都要打报告。

马　当时您在的医院大概有多少医生?

杜　足利市医院脑外科有4个人,大概40张床位。

马　所以您平时很忙。

杜　要值班嘛。

马　刚刚听您讲日本的这样一套培养医生的制度,它是非常有特点的。

杜　跟美国的培养体系不一样。包括我们结婚,都是教授来做证婚人的。

马　教授管到底,这个是很负责的。

杜　庆应大学脑外科办公室外面的墙上,有一块牌子,每个从庆应大学脑外科出去的人,名字都挂在那里。我回去的时候,他们打招呼时说:你回来了。

马　多亲切啊!庆应大学的历史传统还是传承得很好的。

杜　如果生活上有问题,比如我1993年回日本定居,没什么事情做,他们就介绍我到两个医院看门诊,一个月看八次门诊,就可以拿到很好的工资。

马　您的博士生导师叫什么名字?

杜　工藤达之教授。他是日本脑外科的创始人之一,来苏州医学院上课、讲学好多次,现在已经过世了。

马　日本的博士培养和中国的博士培养是不是有差异的?

杜　其他地方不知道,我在苏州医学院培养的博士是按照日本模式来的。

马　当时工藤教授是用什么样的方式带您呢?

杜　好像跟朱季海教书差不多,不讲其他什么的,就是做实验。

马　你们博士是要系统上课吗?还是直接做实验或搞临床?

杜　上课也有的,主要是搞科研。当时我不是研究细胞的,是拿狗做实验,研究狗头被切下来之后,能活多少天。

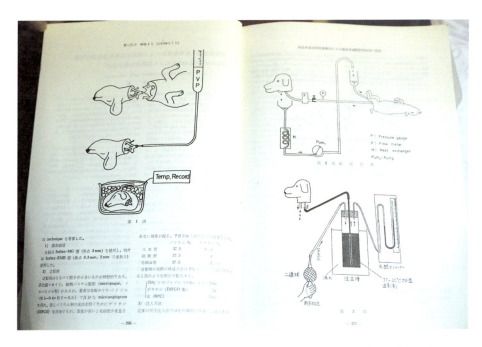

杜子威的博士论文内文

马　狗的头切下来还能活啊？

杜　狗头切下来，血管接起来，要用冷的血来循环，看它能活多少时间。一般情况下，大脑断血7分钟就会死亡，我们主要通过给狗的大脑供血，研究脑部缺血到底能活多长时间。

马　您讲的7分钟是你们自己做实验研究出来的吗？

杜　这是教科书上有的。我们用冷血来做循环实验，研究能不能将脑死亡的时间延长一点，能延长多久。所以把狗的血管全部夹住，另外插入管子，把冷的血输入狗脑进行循环，研究多大的限度可以保证狗脑的脑细胞不死。

马　那您做这个实验，最长的时间能坚持多久？

杜　能坚持4个小时。这只是我很多工作里的一部分。

马　您攻读博士学位是只跟着工藤教授，还是其他老师也要给您上课？

杜　其他老师也要的，副教授、讲师，都在一起的。

马　读博士的时候辛苦吗？

杜 就是没有时间，总是弄到半夜。

马 您为什么选择脑外科？

杜 好像也没有什么原因，我们同学三个人一起选了脑外科的。

马 是不是工藤老师看中您了，才叫您去念他的博士？

杜 他的脑外科每年只录取三四个人。

马 攻读博士之前没有做过脑外科手术？

杜 这个没有，脑外科比较特殊的。

马 向您求证一个事情：当年您回到苏州医学院附一院培养学生的时候，据说您经常假装自己不在，放手让您的学生自己做手术，训练他们的胆量，据说您原先在庆应大学的时候就是这样被训练的，这个事情是真的吗？

杜 对，我们的老师就是这样训练我的。这是在第一次拿工资的地方，我第一次开阑尾炎手术。当时我也就和他一起开过十几例阑尾炎手术吧，他是开刀的，我只是助手。后来有一次，他说出去办点事，你先开起来。护士长就叫我先开起来，那么我先给病人做好皮肤消毒、剃毛，弄干净，护士长说你先把皮肤切开，把腹部开出来。我没有办法了，护士长就帮我把病人的皮肤拉起来。切开皮肤后我又等老师来，以前一般都是这样等。护士长又说，他还没来呢，他打了个电话，叫你开下去，看看下面有什么东西。然后我就往下看，看到一个脂肪的膜。护士长说，你把脂肪的膜打开，看看下面有什么东西。那么一看，下面有覆膜。那么这个膜也把它打开，就看到大肠了。护士长又说：看到大肠要当心，要把大肠下面拉开，阑尾就在那里。我拉开一看，的确有阑尾。这个护士长很厉害的，是一个老护士。她就帮我拉开病人的大肠，阑尾就清清楚楚了，这个时候就很简单了，我就切阑尾。切完了阑尾，我希望老师来检查检查。护士长说：他不能来了，大概是喝醉了，今天他不能看，算了，相信你了，你缝起来吧。一直到最后老师也没来。我急得要死，晚上十二点钟都不敢回去，怕病人有什么事，紧张了一晚上。最后一晚上没事。这样，下次再开阑尾炎手术，老师就给我做助手，我来主刀了。再到后来，他就不来了，由我一个人主刀。等到开到一定数量，老师就说：我可以打报告了，你已经差不多了，可以到其他医院去了。报告一打，过了几天，我又开车到另一个医院去。

马 就是说开阑尾炎手术这一关您已经通过了，到其他医院去做别的手术了？肯定是主刀医生有意安排的嘛，您还记得那个主刀医生的名字吗？

杜 不记得了。他也是脑外科出身的，但是到基层医院什么手术都要做的，可能我最后选脑外科是受了他的影响。

马 您在庆应大学做博士论文是什么方向?

杜 做的是血管瘤。

马 专门做血管瘤,那您的博士论文名称叫什么?

杜 我来找找给你看。这是日文的。

马 写这个论文,包括做实验,您用了多长时间?

杜 三个人一起搞的,同班的三个人,分工的,我是搞血管,有的搞脑电图,有的搞循环。搞了两年多。

马 这个题目是怎么翻译的?

杜 我来翻译一下。《超低温法游离于头部的脑血管血流允许的界限》,就是头部要分开,切下来以后,用人工机器,将脑血流阻断掉,断掉的一个时间界限在哪里,用微小脑血管照影法来研究。脑血管的微小血管,一般的拍照方法是看不到的,只有用这种特殊的方法才能看到这些微小血管,起什么变化?是不是影响它的生命?

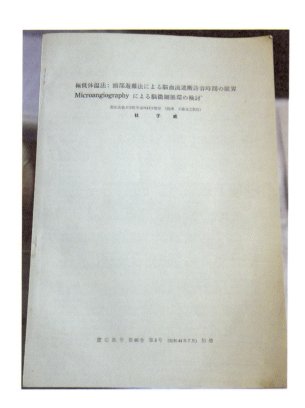

杜子威的博士论文(1969年)

华侨总会和中华学校的往事

马　那您是什么时候动了想回国的念头的?

杜　至少要有一个名头才可以回去呀，拿到讲师后才想到回国。

马　那么您当时回国是怎么想的呢? 国内正好是"文化大革命"呀。

杜　对对，但是我们都了解的，都知道的。

马　当时通过什么渠道了解国内的情况?

杜　华侨总会。我爸爸之前已经回来过几次了。

马　您爸爸经常回来吗?

杜　大概每年都回来的。华侨总会经常有人来往于中日之间，当时华侨总会基本上相当于领事馆一样的，我爸爸是副会长，我回国以前，他到北京去过好几次了。他们都了解，知道国内比较紧张，比较苦。

马　而且政治上要求也特别严格。

杜　对，都了解。

马　华侨总会是哪一年成立的?

杜　第二次世界大战刚结束就成立了，大概是1945年。

马　这个华侨总会，就像您讲的，当年是承担了类似使馆的一些责任吗?

杜　基本上是。当时的日本人不承认大陆政府，只承认台湾国民党政府，所以只有国民党的大使馆。如果你要出国，到什么地方去，只能去找他们，要花钱办一个证书。除了华侨总会，在中日正式邦交之前，还有廖承志办公室，相当于中国有个驻日本的办事处。很多华侨青年就在那个办公室里工作。少媛①的哥哥就在那里工

---

① 杜子威的夫人吴少媛。

作过，他回国后在化工部担任过总工程师。日本和中国建交以后，有了大使馆，这个办公室就撤销了。

马 那段时间，关系错综复杂啊。所以您的一些相关证书上有些写的是"中华民国"，有的就变成"中华人民共和国"了。您爸爸是华侨总会的副会长？

杜 对，当时台湾地区在东京的留学生甘文芳①是正会长，我爸爸是副会长兼江苏同乡会会长。当时全日本只有大阪、神户、东京有华侨总会，其他地方只组织了一个华侨联谊会。基本上是以东京为代表。进出口都要经过华侨总会出证明书，做贸易、乘船、出国等。像我爸爸出国，都是要华侨总会出证明的，华侨总会就是代理大使馆的工作，我们回国也是华侨总会出的证明。所以你到海关看，我们没有中国的passport（护照），用华侨总会的证明书就可以进来了，我们中国海关是承认的。

马 所以这个华侨总会，其实在中日邦交中间起了很重要的作用。

杜 很大的作用。当时虽然形式上没有邦交，但是地址也有了，办公室也有了，贸易也做了。入关没有护照，就由华侨总会来出证明，只是官方政府之间还没有正式签邦交协议。

吴少嫒（以下简称吴） 日本政府在跟中华人民共和国建交之前，好多证件包括护照都是用"中华民国"的。这中间还有一段故事：1952年，他父亲、我父亲等华侨捐钱造的东京华侨中华学校、横滨中华小学校，日本政府一定要给台湾地区，就把我们的学校拿走了。

马 还有这段经历？

杜 那时候很多年轻人都参加罢工啊，闹得一塌糊涂。日本政府派了警察来，东京华侨中华学校一下子就给他们拿走了，台湾地区马上派人来接管。那是很好的地方，有个大楼，操场也很大，现在还是台湾地区在管。他们把所有权改成台湾地区的了，本来所有权应该是我们的，日本政府给改掉了。

吴 横滨的也是，中华街门口的学校就是台湾地区的，本来是我们的学校。大陆的老师都被赶走了，从台湾地区直接派老师过来上课。当时的中学生就在校门口静

---

① 甘文芳：祖籍福建漳州海澄县东园乡，1901年出生于中国台湾彰化市。1924年1月12日，甘文芳与张我军等青年出席"上海台湾人大会"，严厉谴责台湾总督内田嘉吉的暴政。1941年取得庆应大学医学博士学位，在东京都品川区大井创建乐生医院直至逝世。1950年1月，任留日华侨民主促进会会长，1951年，任东京华侨医师会会长。1954年，甘文芳以特邀代表身份被邀请出席了第一次全国人民代表大会，并被选为第二届全国政治协商会议委员，受到毛泽东主席、周恩来总理的亲切接见。

坐，不让台湾地区的老师进校门。我们华侨说，台湾也是中国的，中国人跟中国人吵架不好看，就劝自己的孩子不要那么做。但是日本警察一出来逮捕这些中学生，老华侨就组织起来了。后来华侨另外捐钱，重新造了横滨山手中华学校①，要支持大陆。

马 吴老师，您是在我们大陆的中华学校上学的吗？

吴 我们小学三年级的时候，学校被拿走了。拿走了以后，开始两年是分到每一个家长，谁家有多一间房间就借来上课，一年级在谁家，二年级在谁家，就这样子。

马 这样子，一开始蛮艰苦的，像流动学校了。

吴 过了两年以后，在山手造了我们自己的学校，东京的华侨捐了不少钱。

杜 我父亲一下子拿不出来钱来，是借钱捐给横滨山手中华学校的，这个我知道。

马 您知道捐了多少钱吗？

杜 不知道了。学校的捐款榜上有，写了谁谁谁捐了多少。

马 现在还有啊？

杜 墙壁上面刻了名字的。

马 在横滨是吧？

吴 华侨总会也有。

马 就是东京华侨总会？然后您刚刚讲的横滨那个学校里面也有？

2016年元旦，杜子威（左图中）、吴少煖（左图左）夫妇参加东京华侨总会新年联欢会活动

---

① 建于1898年，孙中山先生首倡，原名"大同学校"，用广东话教学。1923年关东大地震，校舍被毁，震后华侨们重建了一所"中华公立小学堂"。1945年校舍毁于战争。1946年，新校舍建成，学校改名为"横滨中华小学校"，改用普通话教学。1953年，迁至山手町，1957年改名为"横滨山手中华学校"。2008年，时任中国国家主席胡锦涛前往横滨山手中华学校参观。

2017年，杜子威（右一）参加东京华侨总会国庆六十八周年合唱活动

杜　对对，刻在石碑上。

马　在你们1972年回国之前，您爸爸已经回国了好多次，是回苏州还是去其他地方？

杜　基本上是去北京。在北京开会的时候挺多的，有邀请才可以去。

马　材料上说，您爸爸1949年回来参加过开国大典？

杜　我不知道，1949年我还没去日本呢，所以我爸爸的事情我基本上都不知道。当时我还在苏州念中学啊，是最苦的时候。

马　您在国内最苦的时候，您爸爸回来就直接去北京了是吧？

杜　对对。

马　很多活动是直接去北京，后来有没有听您爸爸说过这些事？

杜　他一直都不讲什么话，我什么都不知道，他做什么事我们都不知道。

马　那你们父子之间是不是交流比较少啊？

杜　忙啊，他连饭都不跟我一起吃的，更没有讲过这种事。反正他在饭店，来往的人很多，做了很多事是肯定的，这个我都不太了解。外面传说，还有一个"中美邦交"，他也参与了一些工作，这个具体情况我都不知道，他也不讲。

多次申请回国

马　您是1972年申请回国，华侨总会一下子就批准了？

杜　申请了好几次。结婚之前就开始申请。不批准，申请了没批。

马　您前面很辛苦地读完了博士，也开始有稳定的工作，收入也挺好，那个时候怎么想到要回国来呢？有没有什么样的一些原因，比如说您爸爸想让您回国，还是什么原因？

吴　当时，东北遗留了很多日本人，有了廖承志的那个办公室以后，日本可能和他们谈判了，东北的日本人要回国，那个时候是1959年左右吧。以后日本的归国船就开来了，从神户的舞鹤港①进来。接回来之后，这个船要回中国。很多老华侨的子女，还有我们中华学校在战争②之前跑到日本来留学的那些老师，他们都乘这个船回国。到我哥哥大学毕业了，一直还有这个船。我父亲说，反正大学毕业了，你回去，能做什么事你也回去做。我哥哥是老大，按照日本的传统是要接父亲的班开店的。但当时老华侨没有这个想法，把自己的子女教育好了，还是要回国支持国家的建设，大家都有这个气氛。我哥哥他们横滨山手中华学校第六届的毕业生基本上都回国了，老师也回去了。

马　那个时候等于杜院长也认识了吴老师的哥哥，估计会受影响哦？

杜　对，我现在想可能是有一点影响的，也就是说有这么一条路可以回去。所以我说要回国，她说，好嘛，一起走，大家回去吧，她马上同意了。

马　没有犹豫啊？

---

① 隶属京都府舞鹤市，也是日本主要军港。
② 日本侵华战争。

杜　没有。

马　您向爸爸提出要回国，他还是非常爽快的？

杜　他心里有数了嘛。

马　是不是他从什么渠道听说过呢？或者你们向华侨总会提交申请还是什么方式？

杜　我们通过爸爸向华侨总会申请的。他帮我跑，申请了好几次，一直没批。国内在搞"文化大革命"，没人处理这个事。

吴　后来甘文芳会长去北京参加什么会，见到有关领导，讲起老杜的事，说他希望回国，一直没批下来。当时北京那边说，现在是"文化大革命"，时机不是很成熟，所以还不能回来，一直这么说。

马　吴老师，您当时也很愿意回来吗？

吴　我爸爸跟他爸爸是同样的想法，我哥哥已经送回来了嘛。

马　你们这代很多年轻人还是对祖国特别有感情的，很爱国。

吴　因为自己的老师也回国了。父母又说，过去穷，老是向自己的老乡借钱，现在一年一年好起来了，还是送自己的子女回去，支持新中国的建设吧。大家都有这个想法。

杜　这一段时间的事情，我什么都不懂，一点也不知道，都是她讲给我听的。

马　因为您那个时候，正好工作也忙。

杜　结婚之后，她告诉我很多事。

马　跟吴老师结婚之后，可能外面的事情了解得更多一点？

杜　对。做医生的，和人打交道的范围很小的呀。就是给病人开刀，社会上的事情了解得不太多。对我家里也不太知道，我父亲搞的什么我也不太了解。他一天到晚忙得不得了，连睡觉的时间都很少。

学成回国

- 我还在乡下工作,突然来了个电话,叫我马上回,五月份就要走了。他们票都买好了,紧张得不得了,一下子要搬家了。
- 我拿到医学博士学位以后,跟他说我准备回国来干。"好的",他说。妈妈说:钱怎么办。他说"店卖掉",她吓了一跳。一句话,店卖掉。
- 回到自己家乡,我讲苏州话的,很亲切。就是小孩子太可怜,他们好像没有好的东西吃,肉票、饭票,都是票,买不到东西。
- 这是很有名的故事,"反革命",右派,海外关系,三个人的实验室,"文化大革命"时当笑话讲。

乘货船回国

马　杜院长,能不能描述一下你们当年回国的情景?

杜　我们是1972年5月份回来的。我还在乡下工作,突然来了个电话,叫我马上回,5月份就要走了。他们票都买好了,紧张得不得了,一下子要搬家了。

马　你们回国的时候孩子是一岁半?

杜　儿子一岁半,她肚子里还有一个四个月的宝宝。乘船回来,当时还没有飞机。

马　你们是从哪里乘船?

杜　横滨。

马　从横滨乘船到上海?

杜　对。

1972年5月,父亲和亲戚们在横滨轮船码头为杜子威夫妇回国送行(前排右起:父亲杜志良,儿子杜志民,杜子威,杜子威岳父)

1972年5月,横滨码头,杜子威一家三口,左一为少嫒

马　要多长时间?

杜　好像是三天。我晕船,晕得爬也爬不起来,儿子倒是高兴地跑来跑去。这个船不是正式的客船,上面有客舱,大概有十个房间,叫货客船。

马　那个时候船票要多少钱啊?

杜　那更不记得了。

马　肯定不是您买的票,是吴老师买的票,或者是您爸爸替您买的票。

杜　没想过这个事。

马　杜院长,我觉得您是蛮享福的,好多具体的事情您是可以不管的,什么买船票啦,这些您都不管的。

杜　很多事,人家讲我是很舒服的。

马　但我觉得您是享福的。吴老师,刚刚在问杜院长,当年从横滨到中国,三天三夜的船,船票要多少钱一个人?

吴　船票并不贵,当时没有船,只有乘荷兰的货船。货船里面有十个左右房间。

马　谁帮你们买票的,还知道吗?

吴　好像是华侨总会吧,他们有经常回国的人。我们回来的时候,日本的船已经不再去接东北遗留的日本人了,所以我们只能坐货船。

父亲卖了饭店

马 您爸爸平时话多吗?

杜 很少,基本上不太讲话的。

马 您怕他吗?

杜 我也不怕他,蛮好的。

马 其实主要是忙,没有空管您是吧?

杜 对,他比较忙。家里的生意要做,又是东京华侨总会副会长和江苏同乡会会

杜志良

杜志良（后排举杯者）和江苏省原省长惠浴宇（前排中坐者）及夫人，东京华侨总会会长陈昆旺（前排右一）等合影

长，会比较忙一点。

马 那等到他后来年纪大了，饭店也不开了，会不会好一点？

杜 1972年我回国以后，他就不开店了。我拿到医学博士学位以后，跟他说我准备回国来干。"好的"，他说。妈妈说：钱怎么办。他说"店卖掉"，她吓了一跳。一句话，店卖掉。我们开的是一个很大的店，能供三四百个人吃饭。就在东京的六本木①，这是东京最繁华的地区之一。

马 我看资料上面有的讲卢山饭店，有的讲万国饭店。

杜 万国饭店是一开始的时候开的小面馆，最后卖掉的叫卢山饭店。

马 就是开始的时候开了一个万国饭店，把这个万国饭店卖掉，又开了一个卢山饭店。

杜 对，万国饭店是在日本桥那个地方，是日本的中心，其实是一个很小的面店，是我爸爸第二次世界大战后再回到日本去买了块地开的。万国饭店的对面，是日本

---

① 六本木以夜生活及西方人聚集而闻名，中国大使馆亦坐落于六本木。

最大的一个百货商店，叫三越百货(TYO)，后来日本家庭开始买汽车了，三越百货没有停车场，他们要把我们这个店买过去建停车场，然后我们就卖掉了这个店，卖了非常高的价钱。卖了以后就换到六本木，六本木也是东京的中心，这个地方像小花园一样，有房子有院子，我爸爸在这个地方就开了卢山饭店。

马 您1972年要回来的时候，就把这个卢山饭店卖掉了？

杜 爸爸当时一开口说要卖掉，我们也没预料到。我吓了一跳。我心里想，大家肯定反对的嘛。结果我母亲一点也没有反对，没有讨论，什么也没有。这是让我感到很惊异。

马 您觉得支持的力度超乎想象了，是吧？

杜 他说，你要什么，我就帮你。我说要一个实验室，他就说：好，就买一个实验室，花钱买点仪器设备。

马 您当时对国内的科研条件，自己有没有想象过？

杜 她哥哥（指吴少媛的哥哥吴润荣）都了解的。他告诉我说，比较落后，缺什么东西他都告诉我，他是搞化工的。

马 化工也差不多的，其实设备都落后的。

杜 他说，非常落后。所以我们做了准备，开了个单子，要什么，单子上都有。

马 您爸爸很爽快就答应您回国，您很出乎意料，是吧？

杜 对。他问我要多少钱。我开的单子给他看了一下，他说：哦，要不卖掉饭店吧。就这么讲，简单的。我们家里也没什么意见。单子嘛，基本上他哥哥什么都懂的，买东西、买药品、买机器啊等，这个我做医生的不了解，他哥哥做过化工部的进出口贸易工作，所以他了解的，都告诉我。

吴 后来化工部派他到东京，让他负责东京办公室。

马 这是哪一年？

吴 1972年，我哥哥下放到河南的乡下。

杜 我们回国的时候他刚从乡下上来。

吴 借着我们回来的机会，就到上海来探亲，然后就直接回北京去了。后来我哥哥就被派到东京去了。

杜 所以碰到他的话，他告诉我很多，因为我是外行嘛。

马 进出口有什么窍门啊？

杜 我是医生，只会开方子，这种事情我不懂的。他告诉我窍门，那么我就搞了，

后排：吴少煖，吴润荣。前排：杜志民，杜雯林。摄于苏州天平山

要买什么东西开个清单，开了清单寄给我父亲。父亲再叫日本人的进出口公司看，他们再帮我到各个公司去问。因为买的机器，制造公司都不一样，帮我们都弄好了。然后根据清单订个合同。

马　知道国内科研条件比较落后，就是想弄点设备回来。

杜　我跟庆应大学的工藤教授商量，他是我的导师，他叫下面的人开个单子给我，我再跟大哥商量要买些什么，以后慢慢规划，实验室才搞起来了。

马　当时你们六本木的饭店生意好吗？

杜　生意倒是很好的。

马　那您爸爸怎么舍得把它卖掉呢？

杜　这个我也不了解，他很爽快的。

吴　他胆子很大的。这些老华侨不会写字，但是看得比较远。老大（指杜子威）不在，下面就没有接班人嘛，就赶快卖掉。生意最好的时候卖得掉，不好的时候就卖不掉了。

马　对，生意最好的时候出手，卖的价格要高一点。然后杜院长也准备回来了。您的弟弟们都没有过去呀，那边就只有一个女儿了。日本是不是跟我们中国一样，家业什么的，只给儿子不给女儿的？

吴 他妹妹已经结婚了,已经嫁出去了。

杜 我这个妹妹跟日本人结婚了,父亲不太高兴,基本上等于是闹僵离开的。我父亲的态度是:不认你,滚吧。我要走了,他觉得那这样就没有人接班了,那么就卖掉吧。就这个意思,主要没有人接班。

马 老华侨这一代人真的是蛮果断的。

杜 很爽快的。大家听了都发呆了,这么好的地方,这么好的店。我爸爸当时在日本收了很多徒弟,这些徒弟后来都出了名了。以后日本好的饭店造起来,都要有一个中国厨师,很多有名的饭店都有我爸爸的徒弟在那里。有一次我到日本去,在一个饭店吃饭,里面的厨师出来跟我打招呼,我叫什么他知道,说我是你爸爸的徒弟,请你多关照。他是大师傅,戴着个白帽子跑出来跟我打招呼。我同学在旁边惊叹:"原来你这么厉害!"

送礼小插曲

马　您从日本回来之后,您在苏州的大家庭,像您的伯父家等,他们有没有受到"文化大革命"的牵连呢?

杜　伯父已经去世了,伯母也生肺结核过世了,留下一个儿子在厂里做工人。后来突然去世了,搞不清楚怎么回事。

吴　那时候,亲戚里面,只有他经常来看我们。就是他一个人来。因为当时我们是"海外关系"嘛,其他人都不敢来,怕听起来有点误会。

马　其实还是受影响的。

杜　受影响的。并且我们没什么好的东西送给他们。我特意从国外回来,他们都想应该有点好东西。少煖当时还做错了一件事,好像是买布吧?

1972年5月,一家三口到达苏州后的合影(吴少煖、杜子威、杜志民)

吴 卡其布。我婶婶她们说中国没有布,你买点布带回去,可以做衣服。叫我们买那个卡其布回去。当时日本已经有的确良了,的确良很便宜,全棉的卡其布是很贵的,就买了卡其布带回来。

杜 结果他们非常不高兴:为什么不送的确良?棉布我们这里都有的。我们其实是不了解情况,少煖也不了解。他们都不高兴,非常不高兴。实际上的确良在日本是很便宜的东西,她特地去找了棉布,不容易找到的,带回来好大一堆,一家一家去派,结果大家都不高兴。后来也不来往了。

回来第三天就开刀

马　回到国内之后当时就住在南林苑这个地方吗?

吴　当时住在308医院的宿舍,学校给我们安排的。本来几家人住在一起,我带了钢琴回来,弹钢琴的时候他们嫌吵,人家都不愿意跟我们一起住了。两层楼,就我们一家住着。

马　您从日本带钢琴回来的啊?

吴　对。

马　那这个运输很厉害哦,不容易的。

杜　反正那一次回来,我带了很多书,几十个箱子,都是书,她还有个大钢琴,因为乘船,可以带很多东西。

马　本身也是货船嘛! 那个时候交通很不方便,你们到了上海之后怎么过来呢?

杜　医学院派车子把我们接回来的。当时上海到苏州这条路上只有我们一部车子。

马　后来住在三元坊,那您是骑自行车上班吗?

杜　骑自行车,大家都是骑自行车。

马　那这个跟在日本的生活相比反差很大的。

杜　反差是当然的,但没什么感觉,回到自己家乡,我讲苏州话的,很亲切。就是小孩子太可怜,他们好像没有好的东西吃,肉票、饭票,都是票,买不到东西。

吴　人家都有农村亲戚,可以送点来,我们当时没有农村的亲戚。

杜　有也不敢来。

吴　阿姨(指当时请的保姆)说叫我去黑市买。我们不敢去,就靠那个饭票。

马　供应的那些?

吴　有时阿姨的亲戚上来，给我带一点鸡蛋。

马　您五月份回来，多久就开始上班了？

杜　基本上来了就上班，一回来第三天就马上开刀。

马　您当时看到医院的条件是怎样的？

杜　医院的器械比较差，我带了整套的东西回来的。

马　您当时随身就带了书，还带了医疗器械？

杜　吃饭的家伙，这个我要带在身边的。结果最后还是被人拿走了。

马　吃饭的家伙被人拿走了？能不能给我讲讲？

杜　我有一套自己的显微外科手术器械。德国的蛇牌，镀金的，很高级，我放在实验室，是我个人用的。我开刀，用这份东西，用好以后，护士很仔细，擦好以后，直接交还给我，这个器械我是带着回家的。要开刀，再带出来交给他们消毒，因为镀金的，一看就知道是我的，跟其他的器械不会混在一起的，这个方便一点。有一天，一个我们的医生，开了抽屉，把它拿走了。当时我们实验室的主任是王尧。王尧说：杜主任啊，有人把你的东西拿走了，我看到了，我说这是杜主任的。他说：借用，借用。他现在苏州某个医院做主任，东西是他拿的。

马　他后来没有还给你？

杜　没有还给我，我跟他打过招呼，他不想还啊。世界上很多奇怪的事，拿了我个

杜子威与王尧（右）

人的东西，拿了不还，怎么办呢？

马 那是哪一年？

杜 我到北区不久。现在还在他手上。如果苏医博物馆建起来，我想要把它拿回来，这是我们国家第一批显微镜外科手术的器械。显微镜和手术器械两种，开刀我也在用这个刀。

马 确实是很奇怪的行为。您回来之前对国内的情况只知道是"文革"，包括生活上很艰苦，科研条件很差，这个可能已经有所了解了。但您来了之后这种差距是不是超乎你的想象？惊讶吗？

杜 不惊讶，跟我出去的时候（指1950年左右）差不了多少，不怕。我没有什么优越感，就是这么回事。已经有所预料，等于没有进步。

吴 而且他到日本也是很苦的。

杜 日本也穷得不得了。

马 您讲的是战后到日本的时候吧？

杜 庆应大学也是木头造的房子，上课的时候是在木板上的。

马 日本的困难时期也经历过。

吴 没有东西吃。

杜 日本也是饭票。

马 我还蛮佩服你们的，老一代的知识分子，因为想到回来也是搞专业嘛，相对来说，生活中这种清贫就不是特别在乎。

杜 小孩可怜。人家吃东西，他也要吃，我们买不到，他要哭闹的。

马 当时的工资也很低吧？

杜 当时我还算拿到了高工资。

马 大概有多少收入呢？

吴 我是58块，他是120块。

马 我爸爸那时候的收入才35块5毛。

杜 我已经算很高了呀，所以我也很满足。但是有钱也没有用，买不到东西，都要票，没办法。

马 那个时候日本跟中国已经建交了，邮寄东西方便吗？

杜 不太方便，都是要经过欧洲的船。并且我们没有飞机。

马 那比如您爸爸回来看孙子，总要带点东西回来吧？

杜　吃的东西好像没带，他不带的。

吴　他爸爸是想不到这些事情的。日本最苦的时候都能过来，当时的中国虽然穷，用他们的眼光看的话已经算是很好了，哪还带什么东西啊？

杜　我们家里就是这么回事。

吴　他爸爸是只想着大家的事情，不想个人的事情，会带一点玩具回来。

杜　想想当时带点好吃的东西给孩子就好了，小孩很可怜。他没带什么东西。

马　您爸爸可能就像吴老师说的，想的是一些大的事，华侨总会的事啊，像这种生活中的小事就想不到了。

吴　个人的事情他不要求的。

1973年，一家四口的合影

在厕所筹建实验室

马 您回来的时候是在博习医院吗?

杜 当时只有博习医院,现在没有了。实验室也在博习医院那个地方。给我个厕所,改成个小房间开始搞,因为厕所是有水的。

马 在厕所上面改造的?

杜 其他房间没有水,厕所里有水,我们做实验嘛,肯定要水的。以后你有机会去

现为苏州大学附属第一医院感(传)染病科的西班牙楼

奚为乎（中）七十大寿（左起：吴少媛，杜子威，奚为乎，周岱，张世明）

看看，一个西班牙房子，外国人造的，是教会医院的。

马　当时实验室有多少人啊？

杜　三个人。

马　连您就三个人？还有两位是？

杜　一位是医院副院长的夫人，副院长是新四军、老革命，被打成"反革命"。他的夫人是生化组的负责人，在家里没有上班，领导安排她来。另外一个专门是搞生化检验的，很有名，叫奚为乎，是位老先生，被打成了右派，把他解放了之后来实验室了。我是海外关系，三个人成立了个实验室。这是很有名的故事，"反革命"，右派，海外关系，三个人的实验室，"文化大革命"时当笑话讲。领导还是有考虑的，他们很愿意帮我做，如果来了一个"四人帮"①就完蛋了，所以故意照顾了这两位。尤其是这个奚老师，是我们国内有名的搞生化检验的专家，他懂日文、俄文、英文，很厉害的。

马　那他当时是下放的吗？

杜　右派，没有工作，关在家里。

马　医院把他请过来协助您？

杜　党委书记下的命令：把他放出来，到老杜那里去吧。他就从家里解放出来了。

马　另外还有一个您说是？

---

① 指拥护"无产阶级大革命"，拥护"四人帮"的人。

杜子威（前排左四）和谈琪云（后排左一）与"日中友好医疗の翼"合影，摄于1979年8月11日

杜　谈琪云，她比较年轻，四十多岁吧，跟我差不多年纪。
马　当时的副院长因为被打成反革命，他也不做副院长了吧？
杜　不做副院长，扫地、扫厕所。"反革命"这样子算好的了。
马　谈琪云呢？
杜　她是搞生化的，本来她是搞生化的负责人，就变成一个普通搞生化的人了。做实验都要用瓶瓶罐罐，这些东西我没办法带过来，全部是她去帮我找来的。她到化验室去，把那些破破烂烂的、稍微有点毛病的、放在那里不要的东西，全都拿过来，机器都拿过来了。放着不用，处理的东西，就拿过来。
马　等于是已经闲置在那个地方，都是人家不用的东西了。
杜　她拖了一个黄鱼车①过去一装，一大堆的东西都来了，第二天马上就可以工作了。她能做实际工作的，很厉害，所以我们这个领导是非常聪明的。

---

① 旧时人力三轮运货车，为引人注目，招徕生意，车身涂黄漆。由于上海人喜欢吃黄鱼，看到这些车满街跑，很像海里喜群居又到处乱窜的黄鱼，因此给了一个"黄鱼车"的绰号。

马 所以给您派的人是又懂行,本身又是专家,又能干的。

杜 刘铁珊①派他们来的,他是延安来的。我一回来他就找我了,找我就说,杜先生你不要怕,现在都在搞"斗争"②,你的工作,领导们都讨论过,主要是"培养人才"四个字。就帮我们党培养人才,其他的你什么也不要管,有什么事跟我商量。明天我们要开大会,你来看看。第二天我去看,开大会批判刘铁珊!下面都在喊批判刘铁珊,他站在那里,我在下面看,吓了一跳,他看见我了,结束以后他跟我说不要怕,没有问题。

马 你们那个时代真的有时候蛮魔幻的。

杜 像写小说一样的。

---

① 湖南郴县人,1919年4月生,1937年参加革命。参加过淮海战役和渡江战役。先后担任江苏省苏州地委副书记、苏州铁道医学院党委书记兼院长。后任江苏省科技教育部副部长、江苏省委宣传部副部长等职。1985年刘铁珊离休,2012年1月22日凌晨5时在苏州逝世,享年93岁。

② 即"阶级斗争"。

苏医风华（上）

- 实验室刚开始建的时候，我要的很多东西还没到，没工作好做，所以我和谈琪云、奚老师三个人就想着做点什么事，我说要么做个脑脊液吧。
- 国家一流的研究所说我的实验室好，看起来我的实验室也特别好，但是我的实验室其实是很简陋的，说明当时我们国内的研究所条件非常差。
- 他们搞了60多次，都没有成功。我们运气好，4次就成功了。
- 与日本方面来往的信我都交给钱信忠部长了，放在国家档案馆了，还有桥本的信啊，等等，我这里没有，都上交了。那是国家的东西，我不能留下，都上交了。

到处讲学

马 当时您回来之后,全国各个医院或者工厂到这里看您带回来的这些仪器和设备,其实还有很多理念的东西,您去讲学的是吧?当时去过哪些地方讲学啊?

杜 华山医院、天坛医院、长沙二机部的一个医院,南京经常去的,南京、镇江、无锡,还有解放军的医院。

马 您当时把一些很先进的理念都带回来了。

杜 当时我们国家是封闭的,我讲的是普通的东西。

马 我们国家"文革"快结束的时候,您做了国际上最先进的信息传播工作。

杜 跑来跑去还是比较自由的,大家都能跑来看了。以前都跑不出来的,一下子就快了。

全国显微神经外科会议上,杜子威在做报告(年代不详)

马 因为病人已经存在了。

杜 做不做的问题,要一点方法。脑血管造影,现在叫CT/MRT,但是那时候是什么都没有的,脑子里肿瘤到底在什么地方判断不出来的,普通照片照不出来的。要脑血管造影——血管扎一个针,把造影剂打进去,拍个照片。肿瘤血管是一种细的血管,包起来完全可以看得见,肿瘤在部位,脑外科开刀要找部位的,要弄清楚的,不能整个都开。定位蛮麻烦的,以前定位找不到。

马 主要是通过造影?

杜 脑血管造影,肿瘤马上就看得见,因为肿瘤的脑血管比较多,一看就看得出来。这样大家就做嘛。主要是讲脑血管造影,南京、北京、华山医院,到处去讲。带了一根针,以前比较困难的,我们做的针是有问题的。我画给你看看。

马 所以医疗器械上的一点点改变,可以拯救不少人的生命。

测定中国人脑脊液蛋白标准值

马 杜院长，当时开展脑神经疾病研究的时候，成功研制出了醋酸纤维薄膜，这个薄膜是干吗的？

杜 用来分析脑脊液里的蛋白质的量。人身体里有血液、淋巴液，另外一个是脑脊液，有三种液体。脑脊液在我们国家教科书里是不太写的，所以《百科全书》①里脑脊液部分全部是由我承担的。脑脊液里有蛋白质，糖、脂肪、蛋白质，这个我们国家没有数据。我回来以后，把脑脊液的蛋白质浓缩以后，放在醋酸纤维薄膜上面，再通电，正电、负电，一通电，蛋白质它会移动的。这个叫电泳，根据它的质量，它会排队的。另外，血液里也有蛋白质，可以一个个排队，比一比。因为它的量是比较少的，但是可以比一比，什么地方是什么蛋白质，名称都要定下来，看多少量，看百分比，第一次定下来，以前我们国家没有的。这个薄膜我们没有国产的，当时听说无锡有一个厂会生产醋酸纤维膜，跟他们商量以后，他们帮我们做了这个薄膜。

马 就是无锡的一家工厂帮着研制生产？当时你们参与进去，把它国产化了？

杜 它是生产工业上用的薄膜的，根据我们的要求另外做了一批非常薄的膜。

马 那能用吗？

杜 做出来，基本可以用。

马 我看到材料里讲对135例正常人进行研究？

杜 对。

马 135例正常人是指的什么概念？

---

① 《中国医学百科全书》的"神经外科学"部分。

杜 一般我们的医生,像妇产科、小儿科,开刀的时候要做麻醉的。做下半身的麻醉,要插一根针把脑脊液放出来一点点,再打麻醉药。这个反正要漏一点出来的,我们把漏出来的一点点收集,叫他们不要扔掉,一般都要扔掉的。我们收集了150多个人的脑脊液,可能还要更多一点,有的不好用的。至少要搞100人,我们收集了100个人以上了。

马 等于有效的就是135人。

杜 这个数据,将来大家可以用的。在化验室,看了这个数据,就知道我们中国人的数据是多少,超过了这个数据会有什么问题。

马 所以就是在这个135例进行研究之后,首次制定了中国人脑脊液蛋白电泳的标准值,是吧?这个标准值实际上就变成了您上次讲的研究的一个工具吗?是研究的一个基础吗?怎么理解这个东西的重要性?

杜 跟我实际没有关系。因为实验室刚开始建的时候,我要的很多东西还没到,没工作好做,所以我和谈琪云、奚老师三个人就想着做点什么事吧。我说要么做个脑脊液吧,因为我在日本搞过这个工作,所以有点知识。做的时候,主要的问题在于,脑脊液里的蛋白质跟血液里的是不一样的,它是透明的水一样的东西,量很少,要搞的话,得把它浓缩,要非常浓缩。有一种薄膜,是瑞典生产的,我们国家没有。看着像普通的薄膜,把脑脊液放进去,可以把脑脊液里的水抽掉,浓缩起来。再剪开来,放少量的水,把浓缩的东西写下来。这种工作,我们国内没有做过,没有这种东西,浓缩的材料啊薄膜啊这些都没有。浓缩的材料我带来了,但是要测量这个蛋白质的话,这个东西①没有。

马 其实早期这个也是属于非常有开拓性的?

杜 这个不是我的专业方向,不是脑外科,和脑外科不搭界的。当时我没有事做,东西还没到,机器到了一部分,测量蛋白质的机器先到了。

马 后来做了脑脊液的标准值,对您后面的研究有什么帮助吗?

杜 什么脑膜炎啊,其他炎症啊,一测量,什么病就知道了,因为有数据。其他国家也有的。

马 前面其实没有人研究过?

杜 做了这个工作。这是回来之后做的第一批的东西,第一篇文章。蛋白质的正常

---

① 醋酸纤维膜。

的量是多少到多少?到底是什么蛋白质?各式各样的蛋白质,都有名称的嘛,α,β,γ,等等,拉丁文。开始这个边边框框还是能做出来的,分析这个蛋白要通电的,用一张特殊的纸,把蛋白质放在上面,通电了蛋白质会移动的,根据它的质量排队,再染色,染色后看得见的,根据颜色、根据量的多少,来计算有多少蛋白质,就看得出来了,这个叫电泳①。初步做了这个工作,很简单的。他们接受了我发表的文章,中国第一个发表的。以后有些人就说我崇洋媚外、里通外国。

马 您当时发表英文的文章是通过什么渠道?那个时候您怎么投稿呢?

杜 审批的呀!当时投稿都要审批的,交到上面去。交给办公室,由办公室帮我去投的。

马 交到你们院办公室?

杜 院办公室。院办公室要是说不行的话,是不能投的。当时他们也不知道,第一篇投过去了。然后叫我们不要写英文的,要写中文的。

马 就是发表之后,人家的反应是您崇洋媚外,因为是用英文发表?

杜 其实北京是没问题的。我们医院里有人讲话了,说崇洋媚外,就这么回事。以后只好用中文了嘛,对不对?中文的也要审批,有的不行的话也不能发表,现在没有这种事了。所以我只发表了这篇,还有另一篇什么英文论文。以后全是中文的。

---

① 利用带电粒子在电场中移动速度不同而达到分离的技术称为电泳技术。1936年瑞典学者A.W.K.蒂塞利乌斯设计制造了移动界面电泳仪,分离了马血清白蛋白的3种球蛋白,创建了电泳技术。

当时中国最好的实验室

马　当时国内其他地方实验条件也比较差?

杜　差得很呐。你看我这里有一封信,中国科学院上海生物化学研究所的人来参观我的实验室。我们接待他们以后,他们写了一封信,表示感谢,还有对我们实验室的评价。他们是当时全国一流的生物研究所,国家一流的研究所说我的实验室好,看起来我的实验室也特别好,但是我的实验室其实是很简陋的,说明当时我们

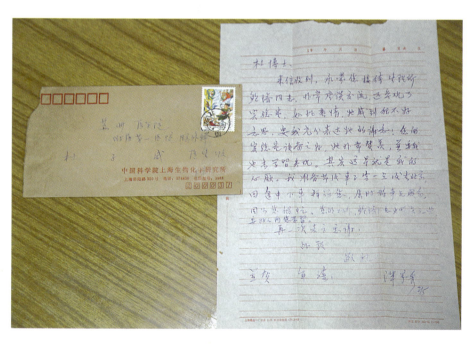

中科院上海生化所的感谢信

国内的研究所条件非常差。好多学校都来看，包括上海北京的高校。每天接待，忙得都要吃不消了。大家感到新奇得一塌糊涂，每个礼拜都有人来看。

马 刚开始就是简单的实验室，仪器慢慢到位。当时这些设备运进来的时候是不是很困难？

杜 运进来很简单，从日本运出来的时候比较困难。日本的通商省要审批。通商省大臣当时是用我爸爸的名义申请送给苏州医学院的。要专门海运过来，因为是精密仪器，非常小心。

马 那到上海以后是怎么运回来呢？

杜 专门派车去拉回来的。

马 大一点的机器设备进来，要专门派人来调试吗？

杜 日本方面要看我们试用得好不好。来过好几次，每过个一年来看看怎么样。

马 5万转的日立牌超高速离心机，当时很先进的。

杜 当时是非常非常先进的，所以要通商部长亲自批。因为日本对中国还是有一点过意不去。这个东西作为医学用，比较勉强地批了。

马 而且因为您的老师也出面了，等于有个担保了嘛。

杜 保证不是军用，只是民用。

日立牌超高速离心机，还放置在苏州大学脑神经研究室

填补空白的手术器械

马 当时您回国带来的这样一些仪器,哪一些是国内首次引进的?具体是哪些产品和实验室用品?我看材料上说手术显微镜是国内首次引进的,还有脑动脉瘤夹、双极电凝器、脑室腹腔引流管,这些器械当时国内都是空白的。

杜 1982年,卫生部部长钱信忠组织编撰了我们国家第一部医学百科全书[1],这是神经外科学卷。当时脑外科的主要专家都在这里了。主编是史玉泉,上海人,一百岁了。上次百岁寿诞,开了个会,我也去了。副主编是北京的王忠诚,他已经过世了。下面是编委,学术秘书是唐镇生,总共6个人。这里面的作者单位就我们苏

 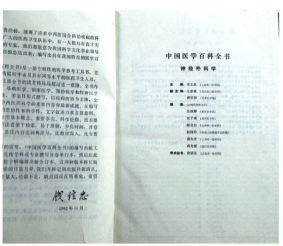

《中国医学百科全书(神经外科学卷)》编委名单(1982)

---

[1] 《中国医学百科全书》,钱信忠主编。"神经外科学"部分,史玉泉主编。

《中国医学百科全书（神经外科学卷）》（1982）目录，打圈部分为杜子威撰写

州是小地方了，其他都是杭州、上海等地的。

马　解放军总医院，上海第一人民医院。就是相比之下的话，苏州医学院是属于比较小的。

杜　加了一个杜子威进去。

马　杜子威就是大人物了。

杜　最年轻的一个，当时四十多岁嘛。

马　当时您在这里面是最年轻的？

杜　其他都是大人物，陈公白还在，段国升是解放军301医院的，他还在，身体不太好。

马　这是我们国内第一本吧？

杜　第一本。大家分担写东西，刚才你讲的那些，跟这个书有关系。基本上我们国家缺的东西，我带回来的都在这里，你刚刚提到的电凝器等都在这里，都有图纸。这个当时国内没有的，叫我写的。

马　您写的基本上都是临床使用的一些器械？

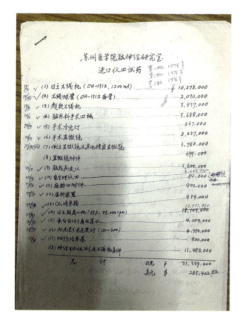

杜子威保存的当年捐赠的进口试剂和设备的记录

杜 脑脊液、脑血管这几篇是我写的，都是当时我们国内教科书上没有的。

马 这些是不是他们根据您带来的产品画的？

杜 当时我们国家照片比较少，都是用线条画的。很多东西是拍了照，再叫专门的人来处理，当时我们书里用不到照片。你讲的这些是临床用的。回国的时候我们带回来的，有一部分在这里重新做的。

马 您家里有这个东西吗？

杜 没有。带回来的东西有限，很快就会用光的，所以我考虑自己做。这个夹子，就是我们在苏州做的。我带了四五根回来。苏州医疗器械厂是做眼科器械的，做小东西，小剪刀啊什么的。正好，我们也都是小东西。这个是用硅橡胶做的，硅橡胶当时是军事秘密，一般买不到的，军事上用的。我们找了领导，特殊照顾一下，他们就介绍上海橡胶厂，专门搞这个工作，这个是要做模子打出来的，做模子，一打，印出来，这模子很难做的。

马 当时是哪一家做的模子？

杜 到处去跑，跑到北京找到化工部。我跑了很多地方，最后是在苏州做的。这个

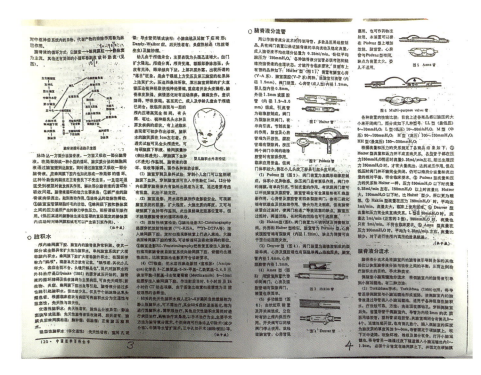

《中国医学百科全书（神经外科学卷）》（1982）关于脑脊液分流管的部分

工艺只有苏州有。完全是用手工磨出来的，用显微镜看着磨，要磨得很光很光，像镜子一样。

马 在苏州哪里呢？

杜 苏州模具厂，要一两个月才能搞出来这个东西。

马 这个很薄，这个东西做出来，真的要放到身体里面去？

杜 放在身体里面，一直放在里面。在皮肤上钻个孔，把这个管子插到脑室里面。上面是这个薄膜盖子，这个鼓起来的地方。另一个管子插在肚子里。颅内压高了，薄膜盖子就自动打开，液体就流下去，流到肚子里。到一定程度，颅内压正常的时候，这个膜就自动掉下来，盖上。这个膜蛮难做。当时是美国的专利，美国一个医生，他的儿子生了颅内高压病，这个医生想出来的办法，后来全世界都在用。

马 做这个是哪个年代？

杜 我回来是1972年，日本从20世纪50年代就开始用了。

马　50年代日本已经在用这个了。想象起来应该是非常精密的一个东西,它要植入人体中。

杜　所以我们苏州模具做得很好。

马　那个时候,苏州的模具水平很高。

杜　我们跑到北京以后才知道这个事,倒过来的。

马　兜了一圈,然后人家告诉您苏州就能做。

杜　苏州做模具是有名的,我原先不知道,我们苏州领导也不知道。我请教了苏州的领导,他们说不行的,我们苏州做不出来的,叫我到外面去找找看。

马　他们也不了解本地的情况。

杜　先到上海,上海不行,到北京,北京不行。北京化工部有一个姓杜的,和我同姓,他蛮热心的。他说,你们苏州也有模具厂的。我就再回来,再跟市里讲,市里再帮我去找。市里也不知道有这么个老师傅,完全用手工可以做非常精密的模具,小东西都是用手工做的。我问他要多少时间,他说至少三个月。就这么小的东西,至少三个月。

马　它主要是太精密了,那么那个膜在哪里生产的呢?

杜　上海橡胶厂压出来的。模具是我们苏州做的,做了拿去上海压出来,原料是解放军部队的,什么地方我不知道,这是军事秘密。那时候造飞机的时候,密封都用这个硅橡胶,民间一般没有。现在普遍有了,白颜色的硅橡胶膏。

马　当时这种东西可能是?

杜　非常珍贵的东西。因为放在人体里面没有排斥反应。

马　对人体不会有害的。

杜　并且密封的程度非常好,放在里面不透水。

马　那么它主要治疗什么?

杜　颅内压高。我们身体里面的压力,一个是血压高,一个是颅内压高。颅内压在我们常识里还没有,只知道人体内有血压高低。颅内压一高,各式各样的病毒就出来了,小孩子的大头病,现在看不到了吧。生了肿瘤以后,颅内压也可能高,压力高了头就痛,人就会呕吐。有了这个压力装置,脑脊液就流到肚子里,反正肚子大一点,问题不大,可以解决这个问题。

马　它是一种病,得病率高不高?

杜　脑子里生了肿瘤,颅内压就高了。如果头痛,患者自己揿一揿,像泵一样,水可以出来，流到肚子里去，压力小，脑袋就舒服了。

马　原来我们国内没有，您从日本带回来之后，在临床上使用？

杜　带了四五个，用光了，就没有了。

马　带回来的有限。

杜　怎么办？到处跑找人做。

马　从您1972年回国之后，大概是多长时间，就可以用自己的产品？

杜　花了好长时间呢。好几年，其实跑也跑了很长时间。

马　您要去找地方，要从头开始，主要这个周期还蛮长的。那么这个设备你是从国外带回来，我们再在国内仿制的，当时生产出来之后，质量怎么去检验？

杜　在上海橡胶厂，告诉他们要检验这个东西，让他们做一个检验工具来测量压力。上海橡胶厂专门做了一套检测工具，下面压力高多少，膜要多少厚度，他们都调整的，以后他们自己都知道了。根据要求，做好一个测量一个，不好的要去掉。这个东西不能开玩笑的。

马　当时挺不容易的，一边摸索，一边生产，一边使用。

杜　好几年，两三年。

马　在没有这个设备之前，据您了解，国内的颅内压高一般是怎么处理的？

杜　没办法处理，压力高，头痛得厉害。

马　等于没有什么有效的方法？

杜　你不能打个洞放血，没有这么简单。血压高可以放血。脑子里要打一个孔，插一根管子，你不能一直放一根管子在那里，不卫生，很危险的。做个管子，插到脑子里，做是做得到的。

马　这个是由我们苏州来做的，和上海合作的。除了这个，后来还有什么？

杜　双极电凝器。做脑颅手术，出血了，一出血就什么都看不见。要止血，这个电凝器可以通电的，一下子就可以把血管烧掉，可以止血。我带回来的，大家就开始用。

马　现在用的是您当时带回来的还是国产的？

杜　是国产仿制的。

SHG-44

马 实验室建起来之后,您就开始做人脑胶质瘤体外细胞系研究了?

杜 我在日本的时候,日本的脑外科也没有搞这个研究。但是我们庆应大学精神科有一个专门研究脑细胞培养的医生。很奇怪,就他一个人在搞这个工作。他讲课的时候,把培养脑细胞的电影拍出来,大家看得很惊奇,我也看得非常惊奇。有一次,我到他的实验室去看,他问我哪里的,我说脑外科的,刚做小医生。他说我们缺人,你来帮忙。就叫我洗碗、洗瓶子啊,帮他点忙。不然他不给我看的。我就帮了他半年忙,他给我看看,我觉得好玩,学了这么一点。

马 这是一个起因了。那您回国之后,决定做人脑胶质瘤研究,当时是什么样的想法?

杜 在脑外科里面,人脑胶质瘤死亡率很高。即使开刀做了手术以后,一般成活都不会超过12个月,到现在还是这样,死亡率很高的。所以脑外科搞肿瘤研究,就是搞胶质瘤。其他肿瘤不是恶性的,是良性的,这样的肿瘤也蛮多的,但是这种肿瘤没有什么问题,不会死的,最多是偏瘫。脑子里有两种细胞,一种神经细胞,一种胶质细胞,其他都是血管。神经细胞肿瘤基本上没有,很奇怪的。

马 患肿瘤主要是胶质细胞瘤?

杜 神经细胞,良性肿瘤是有的,不是恶性的。基本上大家不关心,因为死亡率很低。搞研究就要搞胶质瘤,胶质瘤是恶性肿瘤里面的恶性肿瘤,比肺癌、肝癌都快。肺癌可以活三四年,子宫癌还可以活很长的。就是胶质瘤这个东西不行,到现在还不行。

马 现在治愈率和成活时间方面,还是没有突破?

杜 最差,最差。一般手术挖掉以后,它马上长出来,很快。所以我们想了各种方

研究室团队（左起：黄强，杜子威，李晓楠，杨伟廉，惠国桢，朱凤清）

法，搞种植、生物导弹放射治疗，各式各样的方法。我们就是研究这个东西，研究到现在，全世界都这样。

马 实验室创建很艰苦，人员又少，空间也不大，还处在特殊时期。当时的学生是工农兵大学生吗？当时有学生吗？

杜 当时的学生嘛，本来我们是五年制，五年制中途改成三年制。还开门办学，要到外面去，所以在这种情况下，教学基本停顿了。实验室嘛，上次讲的，一个是"反革命"，一个是右派，开始摸索。那么，像黄强他们年轻医生开始到实验室来帮忙了。

马 那个时候，黄强是当医生的？

杜 脑外科医生。我叫他搞肿瘤，还有一个周岱，我叫他搞脑血管。然后我们实验室分成两个摊子，一个是脑血管的，就是刚才你讲的显微镜那些。第一台手术显微镜还给它封起来了，是我们国家第一台，不能扔掉，上级要来查的，不能报废。

马 等于是一个文物了？

杜 第一台不能动的，还在那里。他们用狗来开刀，还在用。

马　现在还在用？

杜　可以用的，还是好用的。搞脑肿瘤研究，就要培养细胞，要培养一种特殊的老鼠，叫裸鼠。没有毛的小老鼠。这个老鼠非常容易生病的，要养在灭菌的房子里，实验员进去都要换衣服、洗澡。我们把人脑的肿瘤细胞培养出来以后，种到这种老鼠脑子里，看它能不能生肿瘤，如果能生肿瘤的话，说明这个细胞是正确的。不生肿瘤的话，说明这个细胞就是不好用的。我们搞这个工作，当时我们国家没有这种培养出来的细胞的。

马　当时，黄强就是跟您学肿瘤这一块的？

杜　他是医生，还要开刀，还要搞这个，忙得很。我也要开刀，我要开脑血管的病人，也要做脑肿瘤，还要带他们搞实验。

马　那你们当时用在实验的时间，占你们每天时间的多少比例？

杜　反正不太回家的，家里有意见。

马　我估计除了上手术台以外的时间，基本上都在实验室。那您当时怎么想的？

杜　当时很年轻，没想什么东西，做做觉得好玩的。

马　这个是从病人身上取下来的吗？

杜　从病人身上取下来的。马上拿过来，把里面的组织啊其他东西都拿掉，肿瘤细胞用眼睛看看比较粗糙的，弄好了以后放在培养液里培养。培养在一个完全没有细菌的保温箱里。我们的房间本身是灭菌的，全部不能有细菌感染的。进去以后，把这个细胞培养起来，放在液体里面，它慢慢慢慢增加的。

马　保温箱是模仿人体温度的吗？

杜　对对，37度。下次你去看就知道了。细胞放在一个瓶子中的液体里，有营养的液体。这种液体很难得，各式各样的，找到比较好的液体很花时间的，很难。

马　这个液体是你们自己调的吗？

杜　买的。当时就有一些各式各样的，我们一直用的美国货，到日本去买，带回来，带到这里来。

马　那也是从日本买过来的那种液体啊？

杜　当时中国进口了一些，上海也买得到啦。有少量的进口。看着培养了60代，一代就几个细胞放在瓶子里，等它长得满满一层全是这个细胞。细胞慢慢自己分裂繁殖，变成像薄膜一样的东西，长满了，说明是第一代。把它拿下来，再分装，太多了营养不够的，要放到浓度低一点的液体里再培养。一瓶可以分成十几瓶，再培养。这叫第一代。

马 培养一代大概需要多久?

杜 大概要一周。

马 细胞生长这么快的?

杜 很快。一个至少要搞60代,有的是条件不好,死光了。人工的话很难的,包括温度、营养等都有问题的。也有的不长了。至少搞到60代,以后它还能长,大家都承认这个是可以用的,作为工具,至少要60代。

马 60代要一年多了?

杜 基本上一年。我们同时搞十组,可能有一组比较好的,其他都不行,这个再培养。我讲44就是44次,我的论文里记录了44次的培养情况。

马 有的成功,有的不成功,取决因素是营养啊,有没有被感染啊,等等,各种各样的因素。您刚讲的一次十组里最终能够成功的概率是多少?

杜 概率没有计算过,因为太大了。大概十组里有一两组基本能留下来,再把它分散,越来越多,可以变成二十组,太多了吃不消的。留下来再培养,搞了44次,最后成功了,超过60代的,还会一直活下去。到现在还活在这里。

马 您把它放到保温箱里、玻璃瓶里去培植的时候,这个七天里面还用去管它吗?要给它加营养吗?

杜 要去看看的。看有什么变化,需不需要加营养啊什么的。主要的问题是感染,细菌病毒很容易进去,一进去就完蛋了。

马 有没有发生过一下子全都没有了的情况?

杜 第一次搞了30次,感染了,一下子就没有了。

马 培养了那么多天?

杜 这个30次,失败的也算一次的。44次的嘛,整个一下全部完蛋了,那没有办法,再换一个病人的肿瘤细胞,前面的都不算了。

马 等于是重新来。

杜 不光是44次,问题是其他的还做的。

马 作为一个外行的人,我想象的话,等于辛辛苦苦地看着它一代一代,万一哪一代不幸全都死掉了,那不是要哭出来了吗?

杜 所以我们这里成功了,也要请外面的专家来鉴定的。我做细胞培养的时候,北京天坛医院一听说我在搞,他们也就开始搞,到最后也没有搞好。我发表《人脑恶性胶质瘤体外细胞系SHG-44的建立及其特征》的时候，是北京的人来鉴定的，说你成功了。他那里没成功，我们是第一家。我们运气好，当时培养SHG-44也是一点没有把握，就是看书和文章，去看人家怎么做的，能做到做不到，根本没把握。但是我主要是条件好，东西都能买得到，都到了。书籍、药品都带了，国内是没有的。根据文献看了以后，做这个还是比较顺利的。但是顺利嘛，还是搞了44次，搞了好几年。有一个徐庚达，现在已经过世了，他很用功的，他本来是搞细菌培养的，化验室的一个技术员，我叫他培养这个细胞。我就根据文献，看看其他国家怎么样做的，参考书看了以后做起来。当时没有条件，做这个主要是空气要好，水要好。要空气好就比较困难，一个立方厘米灰尘不能超过100个，这个标准叫NASA S100。要做个东西，空气要过滤。当时我们苏州有个工厂是搞半导体的，也要有这种净化室。还要有个工作台，叫超净工作台，净化室里面再搞一个净化台。这个东西我们没有，我就去省里跑了以后，卫生厅给了我3万块钱。我就请苏州的这个厂帮我设计了一个净化室。当时超净工作台是已经有得买的。整个房间要净化，进去的时候要洗澡，要戴口罩，穿了衣服要吹风。这样搞得比较彻底，我们就成功了。北京的人只要超净工作台，没有净化室，为什么呢？他们说去国外参观，人家都在走廊里搞。这么大的净化室不需要的，他们当时是这样想的。所以他们做的细胞培养经常感染，做得辛辛苦苦，感染了，病菌进去了，都死掉了。他们搞了60多次，都没有成功。我们运气好，44次就成功了。

马　这个肯定是跟您的管理有关，比如您刚才讲到的净化室，人家就不搞。

杜　我们的细胞没有被感染，他们的经常被感染。我说你也搞个净化室，他们说不用，人家法国都是走廊搞的，搞个净化台就行了，手伸进去，人也不进去的。但是我认为不行的，跟他们讲，他也不理解，没办法。我说，我们国家，大家到处吐痰，空气里到处细菌，走廊里到处细菌，不行的呀，走廊里，脏得要死。他们还是说没事，说法国都是这样的。可是法国比我们干净啊。

马　（法国）整个自然环境跟我们不一样？

杜　所以百分之百要花一点钞票的。整个房间空气全部净化。

马　那个时候您要到3万块钱经费，3万块还是蛮多的。

杜　那是1976或1977年。

马　那个时候，如果哪一家是万元户都不得了了。

杜　那个时候我们苏州生产半导体的工厂，也要净化的。

马 生产半导体,需要净化车间?

杜 是净化台,净化车间没有,干净一点。净化室是美国NASA搞的,标准是S100。我们苏州有几个机器可以测量空气的,公司有这个条件,搞半导体是要测量空气到底有多少灰尘的,我们房子造好了,花了3万块钱,最后请他们帮忙测量。

马 当时净化的房间就在老医院里?

杜 在老医院里。现在有没有不晓得了,可能都撤掉了。里面再建一个工作台,这个是我们国内没有的。他们还说我太过分了。

马 您太讲究了。

杜 我是根据美国NASA的标准搞的。

马 您这个还是属于高标准、严要求,然后您的实验才会比较顺利。

杜 当时我们苏州有条件,他们能测量,我们就有条件了。

马 20世纪70年代的苏州虽然没有上海厉害,但我们的轻工业实际上还是可以的。

杜 半导体还是蛮好的,半导体厂是蛮好的一个厂,我去过好几次,他们帮我忙的。

马 到44代的时候,成功的标准是什么?

杜 活在那里,可以用了,说明它是肿瘤细胞。有几个标准,用什么药它有反应,可以证明它是肿瘤细胞了。成功了,报道了。

马 1983年的《中国百科年鉴》[①]报道:苏州医学院附属第一医院脑神经研究室在杜子威教授的领导下,培养成功中国第一株人脑恶性胶质瘤体外细胞系,1982年11月通过鉴定,命名为SHG-7944,该细胞已在体外生长940多天。传至86代,生长情况良好,每7天到10天传一代,每8天细胞数增加8~9倍,而且把它接种到大鼠的脑内和裸小鼠的皮下,均获成功。S是苏州吧?

杜 H是human,人。G是Glioma,胶质瘤。 Suzhou Human Glioma,就是苏州人脑胶质瘤。

马 SHG,这个定名在我们国家是有统一规定还是自己命名?

杜 我定的这个名称。

---

① 由中国大百科全书出版社上海分社编辑出版的《中国百科年鉴》,从1980年起逐年出版,每年反映和记录上一年国内外重大事件和各个学科的新成果、新动态、新资料。

SHG-44成果鉴定书

马 这个名称,我觉得对苏州医学院乃至苏州的知名度,都是有帮助的,因为您把"苏州"放在前面了,对吧?

杜 开始人家反对,要把"苏州"拿掉。其他国家都有细胞嘛,一般都是两个字母。

马 两个字母,按照常规的命名,就是HG7944,那么这个"79"是什么?

杜 "79"拿掉了,代表1979年。

马 "44"就是44代?

杜 有很多失败的,一次一次失败的,不算进去。就是第44次成功了,一直留下来,所以,用"44"。我们的细胞1号、2号、3号……第1号死了,第2号死了,第3号也死了,一直到这个第44代。

马 现在就是在我们实验室里面的。

杜 现在么,都是当时44代培育出来的,"44"不变了,这个名字是老祖宗了。

实验室的大突破

马　那当时您这个SHG-44，它是在实验室里做出来的研究成果？

杜　这是一个工具，并不是什么大发明。这里有两本书，都是在44代基础上做的研究工作。

马　这是个工具，就是给后来的研究提供一个非常好的基础。做了SHG-44之后，在工具的基础之上，有没有突破性的研究成果？

杜　拿到奖了就是突破。

马　拿到奖也还是停留在研究阶段？

杜　一部分是可以治疗的。当时我们国家在医疗方面，不允许申请专利，对国内和

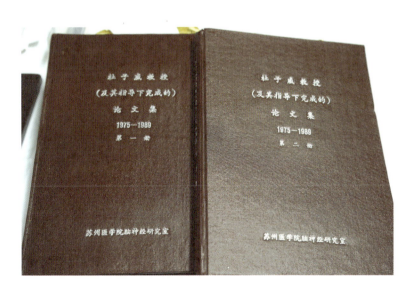

杜子威教授论文集

国外的成果都一样。还有一个，像我们搞治疗，要培养人的胶质瘤细胞，再培养细胞的膜，拿出来，用超速离心机，你大概知道，细胞有个膜，那里面有个细胞质，再里面有个细胞核。最简单的第一步，就是要分离出细胞膜，这个要用到超速离心机。一转，它的细胞膜、细胞质、细胞核都分得很清楚。其他拿不到的，只有细胞膜可以拿得到。这个就要用超速离心机，并且是要非常好的离心机。它是可以把东西分层的，分得很纯。同样的东西，可以一层一层分得清清楚楚。然后有专门的机器可以把它吸起来，就吸这个东西。然后把这个东西打进老鼠的肚子里面去，进入身体里面的异常东西叫抗原，老鼠身上就会有抗体出来，抗原攻击身体，就会产生抗体。我们就做出来这个抗体，所以朱剑虹得了一个奖[1]。搞了抗体么，因为要打针、吃药，要一个标的，不然它到哪里去了就不晓得。打了针以后，药到哪里去，也不知道。我要追踪它，正好我们是二机部[2]的，可以搞到放射性元素，就把碘131搭载到这个抗体上面，这样打进去之后，我们机器可以查得到碘131，因为它有放射性，可以追踪的，一追踪，发现大部分都到脑子里去了，说明成功了。一部分可能会到肺、肝里去，但主要的都到脑子里了。

马 然后可以追踪？

杜 追踪，再配一个药，把药倒在这个抗体上，我们中国称作导弹疗法。

马 形象的说法，像导弹一样，跟踪到肿瘤里面去。那么这个是朱剑虹得奖的，现在临床可以使用吗？

杜 这个疗法太超前了一点，太超前了大家就都不理解。并且大家都觉得抗体可怕，因为我用的是老鼠腹腔的腹水，不是人的腹腔。不能用人的腹腔做实验，对不对？我们国家不承认，有部分人是反对的。我报到北京，他们不同意，他们说老鼠的不行，你要用人的。但如果用人体我不好做这个事，违反医学伦理。

马 朱剑虹做的研究在老鼠身上，人体没办法实验？

杜 应该做得到。实际上我们现在很多抗体，比如狂犬病，做实验是用马血清、兔子血清、猴子血清等，都是用动物搞的。我想应该是可以的，因为我用的是老鼠啊，大家不承认。所以我们就暂停了，没办法。

---

[1] 1955年11月出生于南京，苏州医学院神经外科博士。
[2] 即"中华人民共和国第二机械工业部"。1982年，二机部改为核工业部。1988年，核工业部撤销，其原有职能划入新建的能源部，同时组建了中国核工业总公司。1999年改组为中国核工业集团公司和中国核工业建设集团公司。

马　那他的研究成果在国内不能在人体上使用,他的文章在全球发表之后,其他国家有没有去做过这种实验?

杜　其他国家的研究者也提到过这个问题。

马　老鼠的东西到人体上?

杜　老鼠和马没什么区别,都是动物么。因为量很小了,注射抗体到马身上反应基本上没有的,我当时做的是比较微量的东西。

马　我理解这可能涉及人道,有没有可能通过征集志愿者来做?

杜　大概不允许,要是可以的话,人家老早就去做了。

马　那现在等于理论上是成立了,人体上不能使用。

杜　就是这么回事,我们那个东西太超前了一点,现在还停到这里。

马　那后来第二个获奖的学生,好像也是在这个方向上面的研究?

杜　他是用一种药,尝试将肿瘤细胞变成好的细胞。用一种药试了一下,好像能转变的。蛋白质可能有变化,这是李晓楠[1]做的项目。

马　在我理解,其实人脑胶质瘤它本身在您做这个SHG-44之前是没有办法去治疗的。

杜　其他国家都有的。其他国家的细胞,我们写封信过去,他们马上寄过来的。所以我们这个细胞,人家要的话就给的,哪个国家要都给的。

马　您的研发使得我们自己有了一个研究的工具了。

杜　更方便了,不用去进口了。费用是不要什么的,我放在上海生化所,听说要100块钱,他会告诉你用什么药、用什么培养基等,都会告诉你,带回去你自己可以培养的。实在没有办法,可以写信给我们,我们会直接把培养好的细胞给人家。

马　在这个基础上,在胶质瘤这一块,是我们苏州医学院脑神经研究室一直延续的重要课题。我在材料里也还看到了,它提到中国第一株抗胶质瘤杂交瘤单抗S/39。这个是什么?

杜　就是单抗。

马　就是朱剑虹研发的那个?

杜　单抗,就是其他的不抗,只抗一种东西,只是胶质瘤的抗体,对其他地方没有

---

[1] 继朱剑虹之后,第二个获"世界青年神经外科医师奖"的华人。

影响。

马 这里面还提到在国际上首次发现分子量分别为180kD和40kD的两种蛋白质。

杜 这是刚才讲的两种蛋白质。细胞膜上肿瘤的蛋白质，肿瘤上应该还有很多蛋白质，我们只发现了两种。数字是代表分子量的。这个东西接种到老鼠肚子里面，它也可以产生人工抗体。把碘131标上去以后，给它打一针，我们可以拍照，可以证明它这个毒到里面去，说明可以了。再标一个药进去，朱剑虹应该是用阿霉素，这个就叫生物导弹了。

马 阿霉素的生物导弹。它是这样写的：率先在国内成功制备与单克隆抗体为载体交联阿霉素的生物导弹。

杜 像船一样，载体嘛。乘着船上去就像冲到脑子里，再到肿瘤里。阿霉素就在这个地方起作用把癌细胞杀死。

马 就像定向打靶一样，瞄准了打，所以叫生物导弹。

杜 碘131都是二机部给我们的，帮我们配上去的。这个工作我们做不到的。这是一个特殊的方法，要二机部来搞的。

马 那如果您在实验室做这个，二机部派人来帮您弄？

杜 我们拿去请他们帮我们弄。

马 回来再注射到老鼠身上去？

杜 这是检测用的。如果治疗的话，要再加一个阿霉素上去。其他霉素也可以，当时流行用阿霉素。

马 这些东西当时在国际上的反馈如何？

杜 快了一点，太超前了一点。

马 就是太领先了？

杜 这个是偶然的，的确超前，走得比较快。

学生获奖报道

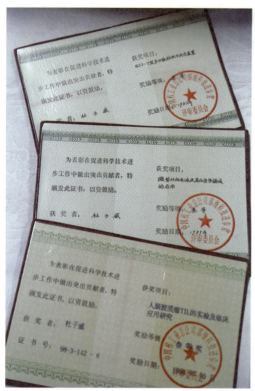

杜子威的部分获奖证书

四位获得"世界青年神经外科医师奖"的苏医学子：A朱剑虹，B李晓楠，C赵耀东，D陈骅

促成中日友好医院的建设

马 杜院长,请您给我们介绍一下中日友好医院的事情吧。

杜 这里讲一讲,桥本龙太郎,日本的首相,他是庆应大学的,跟我是同届的,他是法学的,我是医学的。

马 就是同届,他学法律,您学医。

杜 对,我们是昭和40届。现在讲起来,是这样的:有一天,我在北京参加全国人

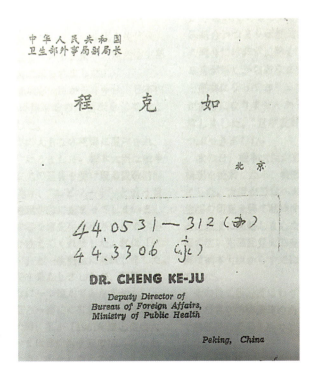

杜子威保留的程克如当年的名片复印件

大会议，廖承志派程克如①来，让我去做翻译。桥本龙太郎到北京来了，让我做翻译。到廖公那里，大会堂里面。二次大战的时候，日本有一艘很大的船沉在我们中国近海岸，后来我们中国把船捞起来了，里面有很多日本人的骨头。

马 在哪儿，在东北吗？

杜 具体位置我不知道，只知道在我们国家沿海。桥本龙太郎来收这个骨头，并表示感谢。他是日本战争遗族会会长，受遗族会的委托，想去给死在东北的日本人扫墓。他问我怎么办。我说要么找接待他的卫生部部长钱信忠，我们带他到钱信忠那里。钱信忠当时说现在东北不行，很危险，他说你去了，人家可能把你杀掉。

马 对，那时候仇恨日本人。

杜 桥本龙太郎问我有什么办法。我说，你们不是在泰国花钱造了友好医院吗？搞个医院怎么样？桥本说，对，对，中日友好医院行吗？我说，要么去跟我们钱部长讲讲，他可能会帮你忙的。所以，第二天又去了。

马 您陪他去的？

杜 我陪他去的。听说要搞医院，钱信忠说好的。但是我跟桥本讲，中国想搞中西结合医院，中医和西医结合起来，当时政府大概提倡这个东西。桥本讲，好的，他可以把这个意见带回去。钱部长很高兴，大家都高兴了。回来以后，钱部长让我到日本去。我就去找当时日本医学会的会长武见太郎②，实际上，桥本龙太郎已经跟他打过招呼了，他也是庆应大学的，比我高几届。

马 那个时候，武见太郎在庆应大学？

杜 不在庆应大学，他是做医学会长，日本叫政治家。桥本龙太郎也要跟他商量的，搞医院，当然要跟医学会会长商量，因为他是我们前辈嘛。商量的结果是，搞中西结合的医院，日本没有这方面经验，不如搞一个比较先进的医院，买比较先进的设备，但是可以另外搞一个研究所，研究所专门可以研究中医西医结合的。那我把信带回来，跟北京方面讲，他们就说正好，正是他们要办的事情，让我快去办这个事。于是我又再回到日本，再跟桥本龙太郎商量，桥本说他们国会要做预算。我就回苏州了，后来桥本写了一封信给我，他说拿到钱了。我过去跟钱信忠一讲，他很高兴。

---

① 程克如，1922出生，安徽舒城县桃溪镇人。1952年被破格升任中国人民解放军总后勤部卫生部办公室主任。1965年，调到国家卫生部，负责组建对外联络局工作，并长期担任第一副局长。
② 1957年到1982年，担任日本医师会会长长达25年，1975年到1976年担任世界医学协会会长。

马　前后有多长时间?

杜　大概几个月吧,半年左右。

马　这个半年等于您在日本和中国之间来回跑?

杜　还有工藤教授帮我们一起跑,工藤在日本,我在中国。我跟钱信忠对接,工藤跟桥本对接。

马　你们等于像一个工作小组一样,忙这个事情。

杜　外交部管后台工作叫后台,不是叫前台,我们是搞后台工作的。以后我们就把后续工作交给外交部了。

马　这样就正式了,等于你们后台先沟通好,全部准备工作都做好了。

杜　以后就是外交部跟日本的外务省直接对接了,那我们就放手了,就是这个事情。我跟桥本熟悉的,但是他过世了我不知道,我是在电视上看到桥本龙太郎去

杜子威用日语发表在《日中医学》上悼念桥本龙太郎的文章,中文标题为《北京中日友好医院的回忆——沉痛悼念桥本龙太郎先生》,比较详细地回忆了自己参与中日友好医院筹建的过程。

杜子威写给石福熙的信，内文谈到中日友好医院的事情

世的消息的。过了几年以后，《日中医学学会》的编辑叫我一定写一个回忆录。

马　2005年的时候，侨办召集老华侨夫妇观光，您当时也去了吗？

杜　对对，我们夫妇两个去了。

马　到北京？

杜　当时到中日友好医院去检查身体，侨办带我们出去旅游，要检查一下身体。当时我还是第一次去中日友好医院，以前没去过。

马　2005年去第一次，建起来是1984年。

杜　当时开业的时候，我这里忙细胞实验，忙得不得了，没有时间去参加。医院开业我没去，造医院的事我都知道。地址我是去看过的，在东直门外。当时还是我去看地的，他们说：这块地怎么样？叫我看看，我说：蛮好。回到日本，大家都同意把医院建在这个地方，然后我就不管了。

江苏省第一届侨联大会，杜子威（前排左6）当选为副主席

江苏省第二届侨联大会，杜子威（前排左7）当选为副主席

马　医院开张的时候是打电话通知您吗？

杜　邀请信，我回掉了，我没有空。

马　那您这个邀请信还在吗？

杜　邀请信没有了。与日本方面来往的信我都交给钱信忠部长了，还有桥木的信啊，等等，我这里没有，都上交了。那是国家的东西，我不能留下，都上交了。

苏医风华（下）

- 我有一个特点，论文作者里，名字是放在最后的。第一篇是我的，以后的文章都把名字放在后面。
- 到名古屋保健卫生大学进修是我个人的关系，到庆应大学也一直是通过我个人的关系。
- 脑外科全国就我一个有权评定谁是博导的人。所以我不敢出去，开会不敢去，人家都来找我打招呼，我怎么办？
- 我说你们不要看低我们小苏州，希望你们好好搞。苏州很小，但在文化方面一直很厉害的，很多状元都是在我们苏州出的。

因材施教

马　杜院长，1972年回到国内的时候，您是不是就开始给本科生上课的？

杜　上课的。

马　当时应该是属于工农兵大学生吧？还没有恢复高考嘛。

杜　开始是好像五年制一样的，以后也改革了，变成三年制。也有很短的，一两年的。以后又恢复到五年制。上课还是上课的，我们没有受他们的影响，基本上还是上课的。

马　1977年重新恢复高考之后，进来的学生，您给他们上课的时候，跟1977年之前的学生有没有比较明显的差异？有印象吗？

杜　你讲的是"老三届"吗？

马　恢复高考之后，更多的是1977年之前毕业的那些学生来考大学的。

杜　老的学生，年龄比较大的，叫"老三届"。研究生也有，混在一起的。

马　我看到资料上说，您回国之后，给本科生上课，当时是有一本讲义，是脑外科专业讲义。这个讲义您还记得么？那个时候，脑外科这块肯定没有教材呀。

杜　讲义找不到了，应该和我参与编写的《中国医学百科全书（临床医学卷）》上的差不多，手稿也没有找到。

马　那个时候还没有电脑，都是手写的讲义。您当时给本科生上课，一个礼拜有几节课？

杜　本来有个课程表的，我们脑外科不是很多。

马　其实在20世纪70年代您开始做脑外科研究，周岱主任说得非常好，就是给他们打开了一扇窗，看到了那么美的风景，不然以前根本不知道，真的是比较超前的一种研究。您当时临床也做吗？

杜　临床每天都忙得要命。

马　开刀吗？

杜　半夜里也去。

吴　电话来家了，半夜里也要走。早上，一早也要走。

马　那时您还没住到这边来，还住在三元坊吧？三元坊的话，一个电话来，骑车还要一段路呢。

杜　自行车，不是汽车。

马　那个时候带的学生主要是自己科室里的医生吧？因为那个时候也没有什么硕士生、博士生嘛。

吴　那个时候好像没有电话，天天敲门，隔壁的老奶奶很有意见，说每天晚上半夜里敲门。

杜　没有办法。

马　那当时您在临床上主要做哪一方面？

杜　脑血管和肿瘤两个同时在做。因为黄强和周岱还太年轻。

马　周岱主任说您刚来的时候他才二十几岁，您四十几岁。

杜　对对对，我带他们的。以后太忙了，就不去了，就用日本的方法，让他们自己开刀。

马　就是把当年您的日本导师培养您的方法用在他们身上？所以周岱主任非常感激的，他说如果杜院长没到苏州来，不会有他的今天的。

杜　他讲这种话啊？

马　我想是他们切身的感受了。那时您主要带的是黄强和周岱？

杜　分成两块嘛，一块是脑血管，一块是脑肿瘤。还有一个叫林木根，他是搞脑脊液的。

马　当时您直接带的有几个学生？就是跟着您做这块的？

杜　一个是林木根，还有一个叫项玉柱，他搞脑外伤啊这些，大概四个人。

马　70年代，脑血管、脑肿瘤病人也很多吗？

杜　脑溢血、动脉瘤、动静脉畸形，这三种血管病都搞的。我主要是搞脑血管出身的，肿瘤是我自己想出来的，跟庆应大学不搭界的。

马　当时为什么想要研究肿瘤的？

杜　我看我们国家肿瘤比较多嘛。我一直就是个人想研究这个东西，庆应大学专门研究血管的比较多，我的老师是研究脑血管的。

马 70年代，我们国家肿瘤有这么多吗？已经开始多起来了是吗？

杜 大家都不知道的，还没有发表啊，很多很多。

马 那个时候肿瘤已经有了，可能我们的确因为研究跟不上，也不晓得。所以您当时就是对肿瘤的这种治疗研究特别有想法？

杜 血管瘤有名气的，大家都知道了，脑肿瘤大概我们国内比较落后的，不太了解。

马 那么我们国内的肿瘤研究，包括开始这方面的研究，大概是要到什么时候？除了您早期做的以外？

杜 我一来么，大家就开始了吧。

马 1978年您评了教授之后，1981年获批博士生导师，然后是1982年开始招生的吗？

杜 大概是这个年份开始招生的。

马 您当时第一位博士是谁？

杜 杨伟廉。

马 然后还有呢？

杜 朱凤清，他还在附一院。

马 我现在材料上只看到说您有8个博士生，哪8个看不到具体名单。孙林泉不是的吧？

杜 孙林泉是的。看我的论文集，你就知道了，论文集上都有的，看目录好了。

马 还有夏春林？

杜 对，他是解剖的，他到我这里来的。

马 他是医学院的教授，跟我一个党派的，所以我们认识。

杜 他是自己跑过来的，我说你搞解剖的，到脑外科来了？欢迎欢迎。这样他就来了。

马 在你们医学院培养博士生的体系里面，比如朱剑虹是您的学生，那么比如黄强、周岱，能不能说他们参与指导了朱剑虹？

杜 他们是普外科的医生，转到我们这里来。我开始培养他们做脑外科的时候，他们是没有经验的。他们是在我实验室工作的，当时还没有指导资格。

马 所以你们的培养模式，可能除了导师自己个人以外，团队也是，反正是加入一

杜子威与他的第一个博士生杨伟廉(左)合影

杨伟廉(右一)博士论文答辩合影,参与答辩的有杜子威(左一)、侯金镐(左三)、鲍耀东(右三)、阮长耿(右二)等人

个团队的嘛。

杜 对对对。

马 您的博士生也是在您的实验室里做事情。像黄强、周岱他们到附一院、附二院去以后,实验什么的还在您的研究室做吗?

杜 一部分在这里做。附二院么,黄强开始也搞了个实验室。我们帮他买点东西,我送点东西给他,培养箱都是我买给他的。他搞了一个初步的,正式的是没有的,裸鼠也没有,就是普通的实验室,如果要裸鼠的话就是要到这里来。

马 当时有好几个学生住在您家里吧?

杜 兰青、董军都住在我家里。

马 他们都是读书期间住在您家里,是吧?

杜 读博士的时候在我家,轮流的,一个毕业后,下一个再来。因为后来我不常住这里嘛。

马 但是您一年有两次回国,他们也住在家里吗?

杜 是的,跟现在一样的。现在也有一个年轻人住在这里。

马 平时替您看看房子,他们还负责您在国内的一些信息什么的,委托他们办一些事情是吧?

杜 对的。所以如果我到北京去开会,有什么信件、文件、通知,有时候寄到家里了让他们转给我。

马 就是一些信息的沟通事务。

杜子威与他的博士生杨伟廉(左一)、朱凤清(左三)、李晓楠(左四)合影

论文署名的传统

马　我看您的论文集里面，发表论文的都是您的实验室里的老师和学生？

杜　对的。这是我的第一篇论文。

马　SHG-44。

杜　以后大家都来研究这个事，我有一个特点，论文作者里，名字是放在最后的。第一篇是我的，以后的文章都把名字放在后面。

马　真的。这是您的特点吧？

杜　我是这么想的，鼓励他们大家写嘛，我们国家喜欢第一作者的嘛，其他国家不会这么计较的。我知道这样，就这样做了。

马　把第一作者都让给他们。

杜　第一篇是我的，以后就给大家了，是这个意思。

马　实际上您也是提携青年才俊。这是很了不起的。

杜　国外叫Last Author，有很多跟我一样想法的，培养年轻人。

马　这个还是蛮大公无私的，现在很多人做不到。

杜　我们国家体制有问题，一定要第一作者，这个做法是有问题的，不能怪大家。

马　您的名字署在后面的话，人家就知道这个东西的分量了，对吧？

杜　国外他们是知道的。

马　国内也是这样的，等于您是给他们年轻人"背书"啊，这个我觉得是很了不起的。

杜　现在周幽心也是这样，他也把名字放在最后。

马　新发表的？

杜　最近发表的。这是我们的传统啊，所以周幽心也跟我一样，放在最后，我觉得应该这样子。

请日本教授免费来授课

马 我们跟日本正式建交以后，很快您就请了许多日本的教授过来讲课。我看到的资料上是讲到，您请了庆应大学的户谷重雄教授。

杜 他是我的大师兄。

马 喔，是您的大师兄。还有昭和大学的松本清教授。

杜 这是跟我一起的。

马 然后还有名古屋保健卫生大学的神野哲夫。他们是不是每年都到苏医来给

日本名古屋保健卫生大学精神神经科教授中泽恒幸（右二）来苏医访问，他就是当年在庆应大学教杜子威培养脑神经细胞的老师

庆应大学户谷重雄教授、盐原隆造讲师来苏医讲学

本科生上课?

杜　他们都是客座教授、名誉教授,他们很愿意来,每年来一次。什么东西都没有的,就是个名誉。

马　没有酬金的?

杜　没有钞票的,就是请他们玩一玩,最后陪他们去游览游览。

马　他们每年来一次大概多长时间?

杜　一般大概五六天吧。

马　然后给我们这边本科生上上课,给您的团队、研究生一起讲讲?

杜　每年都有的。

马　这个应该说在我们国内也是属于比较早的吧?

杜　比较早的,其他地方也有人来听课的。

马　外面的医院或者是学校?

杜　嗯,苏州周边的,他们特地来听课的。

马　您是花了大量的精力在做这个吗?

杜　没什么精力,无所谓。

马　那您是有得天独厚的条件? 自己的同学都在那些学校吧?

杜　他们感兴趣,要来苏州看看,随便请他们讲讲学。

马　苏州医学院跟日本的交流是从您这个时候开始的吧? 在这之前有没有?

工藤达之教授（左一）到北京办理中日友好医院设立事宜，途经苏州，在苏州医学院讲学，杜子威（中）在家中招待工藤达之

杜　大概没有，我估计没有，其他学校有没有我不知道。

马　庆应大学第一个来的，您邀请的是谁啊？还记得吗？

杜　工藤教授。

马　就是您的导师，工藤教授来了以后做讲座了吗？

杜　做讲座，上课，看片子，查房都做。

马　然后您当翻译？

杜　我当翻译。

马　他第一次来，来了多久？在苏州停留了？

杜　大概两天吧，上了课，大概第三天走了，到北京去了，主要是为了到北京去的，搞中日友好医院的事情。

马　工藤教授一共来过几次苏州？

杜　来过好几次了，大概四五次吧，四、五年。

马　开始的四、五年，每年都会来？他来了以后要讲学，上课，还要查房？

中年杜子威

杜 做医生,顺便讲个课,应该的,到病房看看片子,第二天就走了。
马 那他当时跟您表达过对中国当时的条件、设备、学生的评价吗?
杜 他不会讲这种事的,没有讲。
马 那你们之间的交流就仅限于看病、看片子之类的?
杜 对。
马 是您陪他出去游览,还是家里人陪他出去玩啊?
杜 他没有玩,直接就到北京去了。
马 那他后来几年来的话应该是专程到苏州来了吧?
杜 对,不是专程去北京的时候也有。
马 那个可能在苏州停留的时间会长一些吧?
杜 也不长,他也比较忙的呀,都是两三天,三四天。

日中医学会①的"穷光蛋"评议员

马 我们这边也陆陆续续派出去了很多医生到日本进修吧?他们当时去的费用都是由日本方面来提供的吗?

杜 是的。

马 那个时候怎么财政会这么好?现在出去的话日本不会提供经费了吧?

杜 现在有奖学金,日中医学会有奖学金。

马 这个具体的名称叫什么?

杜 那个杂志上面有,上次给你们看过的,日中医学学会。我是学会的评议员,有专门的奖学金。日本有一个很有钱的人,他是搞赌博的,自行车比赛,卖门票啊获奖啊,这个博彩是国家批的,他赚了钱就捐给日中医学学会。这个日中医学学会是桥本龙太郎创办的,他一定要叫我参加。这里面全是日本人,就是我一个中国人,因为他硬叫我参加,我也没办法。其他都是丰田公司的大老板之类的,希望他们捐钱,就设了个奖学金,招中国人去日本留学。

马 相当于您是其中的理事是吧?

杜 叫评议员,只能投一票,挂个名。

马 不会是挂名,您有投票权的嘛。同意哪些人来,用这个奖学金去到日本

---

① 以1972年的中日邦交正常化为契机,日中两国医学、医疗界人员的互访日趋频繁。为了应对这一情况,1978年,在日中友好协会内部成立了"医学学术交流小委员会",以中华医学会为中方的窗口单位开始了交流。1980年,"医学学术交流小委员会"从日中友好协会中分离出来,作为社团组织的日中医学协会开始开展有关工作。为了满足以实现医疗现代化为目标的中方的需求,开展中日间的共同研究和人才培养等项目,集当时日本医学界、口腔学界、药学界、护理学界以及其他医疗相关组织的意愿,在经济团体联合会下属的医疗产业界的帮助下,"财团法人日中医学协会"作为兼具全国性、综合性功能的民间交流窗口,于1985年正式成立。(信息来源:日中医学会官网)

留学。

杜　谁做理事，谁做评议员，也要评的。

马　我们苏医有很多人是用了这个奖学金出去留学的?

杜　对。

马　那这个奖学金是什么时候开始的? 您参与到里面比较早吗?

杜　比较早。我们搞这个医院的时候是哪一年? 我忘了。

马　哪个医院?

杜　中日友好医院。反正那时候就开始有日中医学学会。

马　现在还有吗?

杜　现在还有，每年还会出版图书。我想就算了吧，他说不准，还是要我做评议员，每年缴纳一万块日元会费，开会我基本上是不去的。他一定要叫我去，一定要把我的名字放在那里。

马　就是您个人还要出一万块日元会费，还是这里面的评议员，是吧?

杜　对，我说算了吧，看看大家都是有钞票的人，我这个穷光蛋，什么丰田公司啊，三洋啊，东芝啊，评议员都是大老板。

马　您要坚持在里面的，坚持在里面他们才有奖学金，中国的学生才能出去留学。

杜　大概是桥本先生告诉他们要把我的名字放进去。我说，谁叫我进去的? 他说，你别管，反正请你参加，好不好? 我理解了，就说，好的、好的，我参加。

私人关系安排苏医老师赴日进修

马　开始派周岱主任，还有包仕尧院长去日本留学，不是用这个奖学金吧？

杜　这个不是，是我的一个同学，在名古屋保健卫生大学，他是我的后辈，以前在我手下工作过。他到那里去做教授了，我就跟他商量，能不能接受我们的人去留学，他说可以接受。就这样去了，每年去一个人。以后他也派人到我们这里来留学、交流。

马　他们过来的时候，我们这边要给他费用吗？

杜　这个要给的，医院付费的，这个我们医院承认的。

马　实际上他们过去不是以留学生的身份过去的，是以工作的身份过去的，他拿工资的，包院长讲的。

杜　到名古屋保健卫生大学进修是我个人的关系，到庆应大学也一直是通过我个人的关系。

马　早期我们苏医出去的，黄强、包仕尧，他们都是通过您的私人关系？

杜　对。

马　在我们苏医有多少人是通过您私人关系出去的？

杜　要问数字，我也讲不出来，二三十个人吧。这个要问石主任，他有一本账，他知道。比如我们苏大副校长蒋星红，去昭和大学，也是我介绍出去的。她是当时医学院党委书记印其章的学生，当时我是院长，印其章说，拜托你了。我说，好的，好的。黄强和周岱去的是名古屋保健卫生大学，以后到昭和大学的比较多。

马　您当时跟好几所学校都有私人关系？庆应大学这个不用说了，您的母校。

杜　名古屋保健卫生大学是庆应大学系统里的。

马　还有昭和大学？

杜 昭和大学的教授，一半是东京大学的，一半是庆应大学的，这很奇怪的。它的神经外科教授是我后两届的同学。

马 您的师弟在您手下做过助手的？

杜 对，后来他到昭和大学做脑外科教授去了。他想要搞个实验室，我就帮他搞了一个实验室。实验室是我设计的，给他做起来了，再派周幽心去，帮他做助手。

杜 名古屋保健卫生大学没有这么多，它是私立的。包仕尧那里是国立循环器中心，日本一流的中心，那里工资高。我的同班同学在那里做头头，他说：你来，待遇很好。包院长说24万日元一个月，国家规定只能花9万，剩下的还要给国家。

马 给国家的？

杜 要交一些，那个时候是这样子的。吴老师当时在日语系的时候，也通过自己的关系，帮我们苏州大学日语系建立了很多跟日本学校的联系。当时我们也派老师出去上课的，比如到关西学院，上课以后，给你多少钱，是根据职称来的。比如说你是教授，给你三十几万，你自己只能留11万，其他的回来之后要交给学校的。当时是有这样的规定的，相当于帮国家赚外汇。

支持出国潮[1]

马 在您回国之后,就开通了苏州医学院和日本互派人员?当然还有其他国家,主要是日本?

杜 美国也去了,很多学校,我们都去参观了,包括医生、学生,都有交流。

马 你们当时是以什么样的方式交流?比如我们派人出去是怎么个派法?

杜 这事完全是石福熙老师一手经办的,你问他,他有一本账,清清楚楚。就是我们搞这个事,不仅是和日本,美国、英国和其他国家都有。

马 您在这里面做的主要工作是建立友好交往的关系?

杜 赞成出去。要盖章我就盖章,要签字我就签字,我负好责。没钱,我们借钱给他出去。有的人讲什么吃里扒外、崇洋媚外,什么都讲。这个事你问石老师,他有一本账。所以我们现在还有500人留在外面,都是有一定地位的,都是我们苏医的。他们去国外考医生执照,如果讲是苏州医学院的学生,外科类的可以免考。当时的苏州医学院稍微有点小名气。

马 您是说什么免考啊?

杜 外科,外科学。

马 出去留学免考,还是?

杜 到那边去工作,要考试的,免考。我们的文章也容易登出去。

马 最早的到日本去,都是您的私人关系。送人出去,包括请人进来讲学。我们在访谈的时候,他们每个人都谈到了,这个对他们个人命运的改变,起了很重要的作

---

[1] 1985年,国家提出了支持留学、鼓励出国、来去自由的方针,一场史无前例的出国热潮席卷全国。

用。当时,您自己是怎么想的? 为什么要做这样的工作?

杜　这个问题,自己没怎么想。

马　您不可能没有想法的?

杜　这里比较闭塞嘛,希望他们出去看看,对不对? 到底人家做什么的,在这里说不清楚,很多话他们不理解。出去看了马上就理解了,大概是这个意思。有的不回来了,人家就说,是老杜送出去的,都是为人家培养的,吃里扒外的。

马　说这种话的都是什么样的人?

杜　我也不知道,下面的人告诉我: 老杜啊,你当心一点啊,人家讲你吃里扒外啊。"你是为日本工作的,还是为美国工作的?"这样讲的。

马　这个时候有这种想法的人很多。

杜　很多,很多。

马　跟我们的国情有关,当时刚刚改革开放,有的学生出去以后,的确不愿意回来。

杜　主要是这个问题。

马　所以我们国家不是说人才都流失了吗? 我们培养的人都跑到国外去为人家服务了。但后来就不一样了,这个是跟当时整个社会的语境有关。

杜　我们出去的一帮人,水平都比较高。像孙林泉一到瑞典,对方就说,你要多少房子? 多少钱? 保证你留下来。他一想,就留下来了。孙林泉在那边做了五六年之后,又到哈佛大学去了。李晓楠也出去了,在西北大学做终身教授。所以没办法,人家这样讲我,也有他们的理由。但是也有人回来的,对不对? 陈忠平[1]回来了,他是从加拿大回来的。他回来后,我说,人家中山医院要你,你去吧。他当时不愿意去,闹得啦! 他夫人也不愿意去。他说那里什么都没有,叫他去干什么? 我说: 你不晓得,我晓得,那时候我刚回国,一张床都没有,后来给了我五张床,现在你给我数数有多少张床? 三四百张床,都是脑外科! 所以你要去做,将来都是你的。我说,一张床就是你的一张床,接下来都是你陈忠平的。一个人做事么,总归要留下一点东西,对不对? 最后他夫人也同意了。一去马上做教授。科室里也是只有五张

---

[1] 1982年毕业于苏州医学院,获神经外科硕士(1989年)和博士(1993年)学位。1993-1996年加拿大McGill大学神经外科博士后。1996-1999年,在加拿大McGill大学神经外科/肿瘤科任Research associate。胶质瘤单病种首席专家。现任中山大学肿瘤防治中心神经外科主任,兼任中国抗癌协会神经肿瘤专业委员会主任委员,《中国神经肿瘤杂志》主编。

床，现在有四十张床，厉害了，一个很高级的实验室，比我们这里好得多了，中山大学肿瘤医院，脑神经外科教授。

马 他等于到那里去开创了。

杜 全部是他开创的。事情应该是这样做的，他们出去也好，在这里也好，有这种精神，晓得就行了，我是这个意思。要做事蛮难的，我们国家当时比较困难，没办法。他们都是很有能力的，我看了很可惜。他出去可以做事，并不是像有的人说的是在为美国人做事。这个工作本身有国际性的，对不对？做得好，对人类有好处。所以他在美国也好，在中国也好，我是这么想的。

小巴腊子学术权威

马 杜院长,您是哪一年开始可以直接招学生了?

杜 我是第一批博导。

马 您带博士生之前,也带过硕士生吗?

杜 硕士生我没有带过。国外没有硕士生的,国内有硕士生也是我刚回国时第一次听说。有一定职称就能招硕士生,但是博导有规定的。博导评定的问题给我增加了很多麻烦。

马 为什么?

杜 脑外科全国就我一个有权评定谁是博导的人。所以我不敢出去,开会不敢去,人家都来找我打招呼,我怎么办?搞了好几年,国务院给我的牌子。

马 哦,国务院学位委员会第二届学科评审组评审委员。

杜 脑外科就是我一个人,要干这么多的事。

国务院学位委员会聘书

国务院学位委员会颁发给杜子威的纪念奖牌

马 这个也是对您学术地位的充分肯定啊。

杜 跟学术没关系,这是行政上的事。

马 这不是行政的事,这是学术权威才可能去做这件事情的。

杜 比我好得多的人多了,都是权威嘛。

马 那不是的,您在脑外科这块是国内最权威的学者了。后来嘛,这种博导评审权都下放到学校了。

杜 我们医学分为临床一组和临床二组。这个是国务院学位委员会办公室1986年编的《全国授予博士和硕士学位的高等学校及科研机构名册》,都是比较有名的评议员,都是第一流的学校,就我们小巴腊子苏州医学院,并且脑外科就我一个,其他都不是脑外科的。

马 所以脑外科就是由您去评他们当博导,您压力大?

杜 我不敢出去了。所以很多学会都不能去了,不敢去了。基本上是不能出门的。

马 当时每年能被评为博导的是极少数呀。

杜 所以把我抓去。

马 我们国家是1981年开始恢复学位评定的。

杜 1981年,通知到了,没有给我。我是最年轻的一个,他们都叫我小杜。我最年

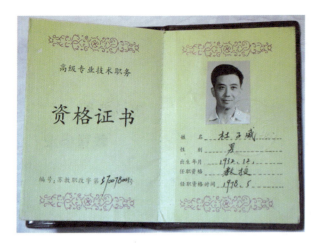

杜子威的教授资格证书

轻，四十多岁，我都有点不好意思了。

马　我看您的简历上，1978年，您就晋升为脑外科的教授了。

杜　对。

马　1978年，我们国家刚刚开始恢复职称的评审吧？

杜　第一批。我回来以后，他们跟我讲，我们国家现在没有教授的，请你包容一下。就给我一个副主任嘛，以后变成主任了。再以后就改了，有教授了。主任医师是省卫生局给的，教授是核工业部给的。过了几年，叫我到医学院做副院长。

马　然后在1985—1992年，您担任了国务院学位评定委员会第二、第三届学科评议组成员。第一届是不是1981年？

杜　对。

马　那是因为您才评上教授不久？

杜　他们没有通知我，我是第一届就该参加的。但是这里的人没有给我通知。

马　第一届您该参加？

杜　应该参加的，有通知给我的。

马　您看见过？

杜　没有看到啊，我第二次参加的时候，他们问我：杜先生，你第一届为什么不来？我说：没接到通知啊。他们说：我们已经发了通知给你们学校的。第一届的时候，他们没有通知我，我不知道什么道理。

马　就不知道在哪里卡您了，没有通知您。

1988年杜子威（前排右9）出席在南京召开的第三届神经外科学术会议

杜 卫生部的人也说：你为什么不来参加？我说我没接到通知，他们就：哦……

马 就打哈哈了。

杜 其他学校可能也有这种情况。

马 那个时候可能刚刚开始恢复，一切都不正常。

杜 对，他们可能也理解，笑一笑。我是一届、二届、三届，应该全部参加的。到四届就没有了，全部下放到各个省去了。

马 您还是中华医学理事江苏分会副理事长。

杜 这个都是挂一个名的。

马 这个医学理事也是属于你们整个医学院系统的组织吗？

杜 我对这个不太了解，就是一个名称，没有什么事的。还有神经科学会的什么理事，我也不知道，只知道开过几次会，到底干什么的都不晓得。会长也不是医生，都是卫生局的干部，他们也不太懂。开会嘛，他们念念稿子，就结束了。就这么回事。

马 我们国家的国务院政府特殊津贴，是国家对于高层次专业技术人才和高技能人才的一种奖励，是1990年启动的，您好像是1991年享受国务院特殊津贴的专

享受国务院特殊津贴证书
复印件

家，应该也是第一批。当时您有没有了解到，在你们医学领域，第一批有多少人？

杜　这个完全不知道。

马　一般也很难了解到，这么多嘛。

杜　我也不好问人家有没有拿到。

马　当时肯定有公布的。

杜　没有公布。

马　我记得那时候我在中文系。中文系我们就一位先生拿到了，他是第一批拿到的。是不是给你们多拿七十几块钱还是多少钱？

杜　这个记不清了，开始工资多少都忘了。

马　是不是同一年，您还拿了国家级的有特殊贡献的中青年专家这个称号？这个是一个荣誉称号吧？

杜　不晓得了。

马　您要开刀，要做实验，还要做领导。您的心思主要还是在专业上面，其他东西可能就不太记得住了。

杜　这些事情嘛，的确忙的。

鼓励学生去拿诺贝尔奖

马 我听说,您会鼓励学生去拿诺贝尔奖?

杜 没有,是我发奖学金①的时候吹吹牛。我举日本的例子,我说你们不要看低我们小苏州,希望你们好好搞。苏州很小,但在文化方面一直很厉害的,很多状元都是在我们苏州出的,对不对?日本有个地方叫京都,也是一个比较有名气的小地方,京都大学也不大的。一方面,东京大学是最大的帝国大学,很多研究经费都到他们那里去,多下来的再给其他几个大学分分。京都大学,一个小弟弟。

杜子威医学奖颁奖仪式(左起:顾钢,阮长耿,杜子威,何寿春,夏东明)

---

① 1994年,已离任苏州医学院院长的杜子威用自己的工资收入设立了面对研究生的杜子威医学奖学金,每年奖励8名品学兼优的从事基础医学研究和临床脑外科专业的研究生。

杜子威与获奖学生合影

2009年颁发杜子威奖学金时与获奖学生合影

2019年5月,为获得杜子威奖学金的学生颁发奖金和证书

马　跟东京大学比,京都是小地方。

杜　京都本身很小,没多少人口。

吴　京都是古都。

杜　古都呀,跟我们苏州一样,是个古都。他们学校也不大的。

马　跟苏州有点性质相仿。

杜　所以我告诉他们,日本50多个诺贝尔奖,至少有50个在京都,东京大学只有一两个。我跟他们吹吹牛,跟学生开开玩笑,他们就传出去了。

马　您当时在苏州的时候,是不是也有这样一种期望?

杜　以前我也不知道日本的诺贝尔奖大致怎么样。最近报纸上登出来了,大家都笑:东京大学研究所这么大,钱这么多。那边小喽啰的京都大学,跟我们一样,都是研究室,不是什么研究所。所以我跟周幽心说,你不要泄气,你多发表文章。他说,SCI的文章,人家不肯要啊。我说你把我的名字放上去,放到最后,好不好?并且名称还是苏州脑神经研究室(Soochow Neorosurgen Laboratory),这样子寄出去,试试看。结果人家刊登了。

马　人家还认您。

杜　所以这个事情,怎么说法呢?一个人做工作,还是要有信用。不能造假,对不对?用我的名字,可以用,但是你不能造假的。我这个牌子不能用烂了。

马　就是不要砸了您的牌子。

杜　对对,什么奖、什么奖,我们国家奖太多了,搞不清楚。

马　用您的名字,一定要给您增光添彩。

杜　我对一些评奖制度也不认可,为什么?二等奖、三等奖,不高兴这一点。奖有什么等级呢,搞不清楚。我一看这个有点不大高兴的。你给么就给,要么就不给。现在听说一定要有个院士在脑神经的实验室里。

马　现在我们国家很奇怪的,评这种东西最奇怪了。

杜　现在有八个脑神经研究室都变研究所了,只有我们一家还叫研究室。周幽心跟我讲,七个脑神经研究所都有院士,就是我们家没有。要选我当院士,我没有报。

遵父命，辞高官

马 那个时候是让您填报院士的是吧？您自己放弃了？

杜 我不去要，我跟爸爸商量，他说我家里都是穷人出身，不要去做官。他们要叫我到北京去。

马 是叫您到核工业部去吗？

杜 我不晓得什么意思，一个是叫我做院士，一个是要到北京。这两点我父亲不

杜子威的江苏省政协第六、七、八届委员证

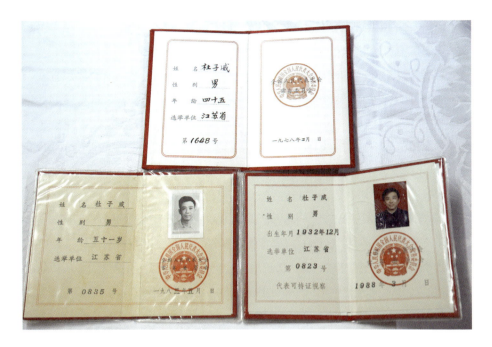

杜子威的第五、六、七届全国人大代表证

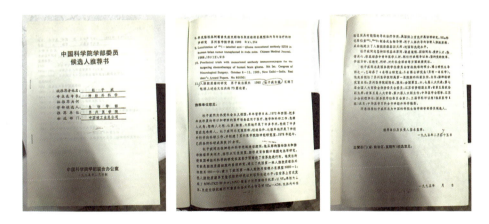

1995年,杜子威婉拒了中国科学院学部委员的评审申请资格

同意，他说，北京做官不要去，老老实实在苏州为病人看病。

马 但是院士不是官。

杜 要做官哎，院士哪里不是官？管的东西无所谓，但也是个官啊。他都知道。

马 1988年1月份的时候您爸爸病危，当时是您爸爸写信到苏州医学院，要求您回去的吗？

杜 他是写信给省政府、给当时医学院的书记印其章，印其章的回信我这里也有的，说明了情况。

马 您爸爸是特别想让您回去，然后您自己是不想回去？

杜 蛮难的，这里摊子比较大。但是他要我回去，他住在医院里没有人照顾。

吴 没有父亲的信的话，这边不同意老杜回去的。

马 那个时候，各方面来讲，杜院长正处在上升期，这边也特别需要他，可以这么说吧？所以，没有您爸爸的信，的确可能这边也不会放您走。

杜 因为在省人大做了常务副主任，基本上一个礼拜就要开一次会。

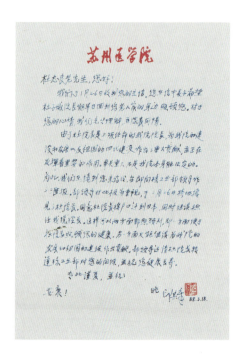

1988年3月，苏州医学院党委书记印其章给杜志良先生的回信

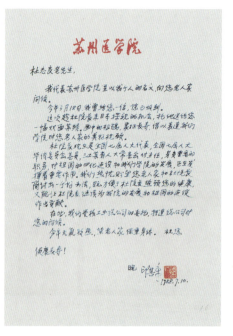

1988年7月，苏州医学院党委书记印其章给杜志良先生的回信

政协的证明

马　开会的密度这么大?

杜　只有五个人嘛,书记、省长,还有三个副主任,我们五个人。会议内容就是江苏省财政是多少,什么什么的,都是搞这种我从来没做过的事。

马　我还以为是像那种虚职一样挂挂名的,还要做那么多具体工作啊?

杜　所以这个事情,我父亲知道以后他都不太满意,他说,叫你做医生的,做官去了?我也不知道怎么突然一下子就做到副主任了。如果偶尔主席团会议参加一下,还是可以的。常委是要做具体工作的,所以逃不了。

马　人大常委的话就要做具体工作。

杜　没有办法,爸爸说:我身体不好,可能身体不行了,你回来吧。他就给印其章写了几封信。

吴　最后是写信到省里,省里同意了。还有华侨总会的会长甘文芳也向北京请示了。

杜　还有一个党派的问题,领导要叫我到北京去。

马　您是哪个民主党派呢?

杜　我是无党派人士,曾经我申请入党的时候呢,父亲他叫我不要入党,要在党外

杜志良先生追悼会

面,后来领导叫我到北京做致公党的工作,我父亲又不同意了。

吴 当时在日本的有些人知道了这件事情,所以他父亲听说了以后就发火了,说:我让你回去是做医生的,谁叫你搞政治的!

杜 在日本的时候,我的同学问:你怎么没去北京?我心想,他怎么知道的?

马 这些呢,反正肯定是高层安排的嘛。

吴 父亲很生气:我是让他做医生,要给老百姓看病的,谁要让他搞政治?

杜 父亲把我拉走了。

吴 父亲实在是身体不行了。而且过去父亲给国家做过的事情,国家也知道,他写信给省政府,省里就批下来了。

杜 所以正式辞职了,《新华日报》也登了。父亲叫我辞掉,就听他的,所以不做官就是了,不能做官。

马 您父亲去世之前,没有表达过要安葬回苏州吗?

杜 有,后来一半在苏州华侨公墓,一半留在日本横滨华侨公墓。

马 您后来为什么又定居东京呢?

1989年3月，杜子威给全国人大常委会写信请辞人大代表

1989年3月，杜子威给江苏省人大写信请辞人大常委会副主任职务

吴 当时父亲过世之前交代：给你的东西，无论如何不能卖，要保留下来，这是我曾经在这里生活过的一个纪念，这个房子你无论如何要保留。但是日本的房子要保留下来是很困难的，当时的遗产税很高，所以他就为了这个事情，真是拼命工作。

杜 一个是地震，我爸爸妈妈住的这个房子比较老了，很危险，这个房子一定要拆了重新造，不然它会有危险。

马 就是这个房子不准卖掉？

杜 不准卖掉。"其他几个房子都给弟弟妹妹了，他们肯定要卖掉的。你不要去管。这个地方你要保留下来。"他临死的时候讲的是这个意见，我也没办法。

马 等于是遗嘱了。

杜 这个房子是危房。我为什么叫它危房？在中国看看问题不大，但是日本有地震的，它规定要抗震七级以上才是比较好。我这个房子抗震能力只有三四级，危险得很。 地震来了，我这个房子摇动得不得了，晃啊晃的。当时日本的遗产税是百分之

七十五，要付这么多钱。政府评估一个房子多少钱，房子本身基本上不值钱的，就是土地的评估价很高的。那没办法，重新造房子要付这笔遗产税。所以我就先翻建比较好一点的房间租给人家了，一间一间当公寓房出租。这个租金收入，再加上庆应大学帮我找了两家医院当医生，还在一个公司搞保健。当时借了很多钱，不得了的钱。银行借款到现在还没有还清。还有三年。

马　借了钱主要是做什么？

杜　要付房产税，还要重新造房子，一栋五层楼的公寓房。

马　这个五层楼有多少面积呢？

吴　我们中国讲起来，并不大，二百七十多个平方。

马　那很大了。

杜　一共五层楼。

马　一千多平方。

吴　不重新造好的话，遗产税还不了，遗产税实在太高了。造好了，弄好了，可以租给人家，负担少一点，再加上他去工作，拼命地还遗产税。

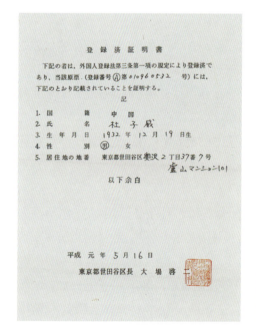

杜子威因公回日本的证明

杜　遗产税高得不得了。当时的遗产税是三亿日元，不得了。当时父亲一定要保留，就保留了。日本的政策也是经常变的，现在政策又变了，是我们运气不好。

吴　但是还好，华侨总会帮我们忙，他们出面，我们后来借了银行的款出来，改造了房子。

杜　所以这次地震问题不大，我书架上的书都没有倒下来，其他人家书架上的书都倒下来，倒得一塌糊涂，厨房的碗都跑出来了。

马　那你们这个房子，说明造得蛮好的。

杜　有个很厉害的华侨设计师，帮我设计得比较好，踏踏实实帮我搞得很好。

马　那你们现在那个房子呢？

杜　基本上租给人家了，不然的话，还不起这个账。

马　人家租了以后也是用来住的？

杜　下面是商店，上面是住宅。

马　您现在的房子也是在六本木那个地方啊？

杜　不是六本木，叫自由丘，在自由丘这个地方。

真知灼见

- 我们搞医学是要传代的，的确像"近亲繁殖"，这个不能否定。
- 苏州市完全有能力搞世界一流的肿瘤医院，肯定能搞得起来，我有500个留学生在外面，他们在国外都是第一流的专家，他们回来一半就行，一部分回来也行。

体系之辩

马 我看资料上讲,1980年您是苏州医学院副院长。您当时具体分管什么?

杜 分管外事工作和教学。

马 分管教学的时候,您在日本受教育的那种方法、模式,在您分管的过程中间有没有一些体现呢?

杜 基本上做不到,没有办法做到,条条框框蛮多的。市医院跟我们医院根本没关系,是两个体系。跟日本是不一样的。举个例子,像东京这么大的地方,它只有两个最大的中心医院,东西各一个,西面是东京大学,东面是庆应大学。其他就是各式各样的小医院、社区医院,小医院里面的人跟东京大学或者庆应大学的医生都是师徒关系。比如讲,来了一个病人,搞不定,那么东京大学或者庆应大学就派人来,不像我们国内还要去请谁来,没有这回事的。实在不行马上转到上一级医院,再高级的医院也可以送,完全是根据医学处理[①]。医院跟医院之间关系很密切。

马 我们很可能整个教学体系是苏联模式。

杜 我不晓得。毕业以后,派你到哪里去,很远很偏僻的地方要你去,你也只能去,那里主要的医生也是庆应大学的,他会手把手教你。

马 这套体系很科学,在我们国内行不通。

杜 日本所有医院的水平基本上差不了多少,一有问题大家就拿到学校里去。每个礼拜一就是开会的日子,各个地方都有人来。自己看不懂的东西都要拿出来大家讨论研究,解决不了就派谁去。怎么说呢,说日本好,也不是水平高,是组织得好。在日本,我毕业以后就是医生户口。我搞外科的,刚毕业了,拿到医师执照了,

---

① 意即会诊和转院不用病人主动申请,医生会自行操作。

杜子威在苏州大学附属第一医院神经外科与年轻医生讨论病例（摄于2018年）

第一年就要下乡，到一个地方去，回来之后再到脑外科。进了脑外科，又要派我下去，到下面的脑外科去工作，搞几年。并且给我个任务，要培养多少学生，你自己做多少手术都要向学校报告的。庆应大学有我的户口的，学校要管我的，跟我的医院没有实质关系。医院只是给我工资，医院不管我。我听我教授的，而且只听一个教授的。到第二年，再派到什么地方去，我把书和行李往车子里一放，马上开车子跑到这个医院去报到。庆应大学有60多个教学医院，所有的主任全部是庆应大学毕业的。

马 它这个体系是贯通的。

杜 贯通的。有解决不了的问题，都是每个星期开会的，我带着片子，请大家帮我讨论。教授引导大家一起开会，提意见。自己处理不了，派个副教授到你那边去，和你一起开刀。我做不了的事，他帮忙，但是跟这个医院没关系的。不像我们要请个教授，大动干戈，要叫病人付多少钱。日本的做法是，病人不要跑，是教授跑过来的，我觉得我们也应该统一搞这种方式试试。

近亲繁殖之辩

马　1984年核工业部任命您为苏州医学院院长,当时是全面分管吗?

杜　分管教学跟外事,还是这样。

马　当了院长也还是分管这个?

杜　所以我跟石福熙关系很密切,他的外事办公室就在我隔壁,一直是我们两个人一起在做外事工作。教学呢,对不起,我做不上的。没办法做。

马　就是有力使不上,整个体制都不一样。

杜　不一样了,没有办法。有少量医生,我鼓励他们到下面去搞教学,并且跟下面的医院沟通好了,请他们帮忙,好像他们是跟我们不一样的。

马　您指的是地方医院关系里面没有理顺?

杜　没有理顺这个关系的话,教学搞不下去的。并且我们人事科里面,讲什么不能"近亲繁殖",这四个字到底哪里来的?你看以前,一家老小都进去干革命,对不对啊?都是近亲在干革命,如果近亲不行,仗怎么打啊?这个医学跟打仗是一样的,都要连在一起干的。现在讲不清楚这个事。

马　现在医学院自己培养的博士生还是不能留下来?

杜　不能留啊,说没有名额。什么叫没有名额?我说我培养的,他说"近亲繁殖"这四个字。我讲做官、理财的,怕贪污,不搞"近亲繁殖"。我们搞医学是要传代的,的确像"近亲繁殖",这个不能否定。但你看传统的工艺,都是传代传下去的呀。

马　就是师傅传给徒弟。

杜　你否定了他,他怎么传啊,一代就结束了,我们基本一代就结束了。新来的要重新再教。所以我的研究生都跑到外面去找工作了,不是不留他们,是没有名额。

什么叫没有名额？外面招进来的人，我们也不清楚他们的学术背景。引进人至少要通知我们一声，商量一下，对不对？我们老的还在，就要退休了，将来怎么做呢？现在逐步不行了，不懂的人多了，搞不起来了。

马　您培养了许多优秀的学生，被更有研究条件的国家给吸引过去了。

杜　他们厉害得不得了，到日本去的，都回来了。也有到美国、瑞典去的。

马　他们获奖的平台，实质上就像奥林匹克一样，能够站上奥林匹克的领奖台，全世界都会关注，抢人嘛。

杜　要多少工资？要多大的房子？到什么对方？哪个国家？都给你办好。就是不到中国来，真要命。所以以前有人骂我，为外国人培养人才，批我呢。我培养的学生都跑掉了。后来引进的人跟我们没关系，我搞不清楚，这个人事方面我不懂。我辛辛苦苦培养的人才都到外面去了，不留，不好留，什么道理我都不知道？现在还是这样。

吴　他没有人事权，所以他不能把自己的学生留在学校。国外是教授自己培养的人，教授有权决定留还是不留。

马　我们现在还是这样的，比如说我的博士生是不能够留在我们本院工作的。

杜　这不对的，很封建的，这哪里来的想法！肯定跟我们共产党没有关系，跟社会主义没有关系。什么叫"近亲繁殖"？就应该"近亲繁殖"！"近亲繁殖"不行，就相当于我生的儿子不能待在家里，要叫他出去，这道理哪里来的？我一直要发火，

1995年以来杜子威指导的部分博士生毕业论文

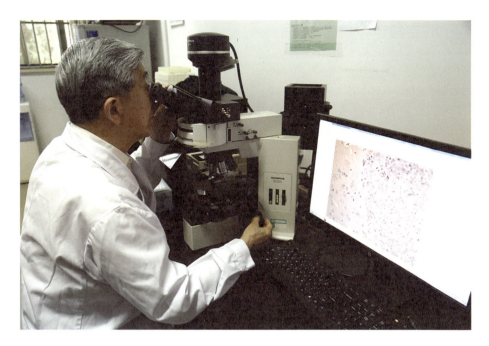

在脑神经研究室工作中

但是没有用。说是国家规定的,谁规定的?

马　不知道啊,当时讲的时候也没有说根据哪个文件,反正是学校里面你要留人的话,有人就告诉你是学校规定的,不允许这样的,必须要出去。

杜　对,人事是跟我这样讲的。我在国务院学位委员会的时候没听过有这个说法的呀,这是影响我们整个科研体系的,这个规定,很不好。"近亲繁殖"应该的啊!

马　是不是这个对基础研究特别重要?它是有一个延续性的。

杜　对基础研究很重要。好不容易积累起来,培养了多少年?花了多少心血?细胞培养出来,他要走了,怎么搞研究?我们这个领域是要"近亲繁殖"的。人出去了,不好回来,换一个人进来,他弄不好,什么都不懂。我不太理解,谁在搞这个事。

马　他们自己想留在这里吗?

杜　他们都想留啊,但是不准留。我想呼吁这件事,"近亲繁殖"的说法不符合科学规律,不是我们社会主义的政策。我们的研究是要连续下去的,不能断。假设你在我们实验室研究到第33代,然后你毕业就要走了,这不是开玩笑吗?

苏州要有一个肿瘤医院

马　您当时为什么想要搞肿瘤研究？

杜　我看我们国家肿瘤患者比较多嘛，我一直就是个人想研究这个东西。

马　最近几年，我朋友啊、同事啊，好像大家现在普遍不相信我们这儿医院的诊断，尤其是癌症。诊断以后，这边的医生会说得非常严重，就是感觉你好像半个月、一个月都活不了。他们就会自己跑到上海去，这个是很辛苦的。你到上海要排队啊，找人啊。结果上海的医生诊断下来，没那么严重。我身边好几例了，不下四例。

杜　我是本地人，亲戚朋友很多的，都在骂我，说我没有用。他们生一个癌症就倾家荡产。看病到上海，不是病人一个人去呀，家属也去，该住在什么地方也不知道，要多少钱也不知道，到底怎么样也不知道，叫天天不应，叫地地不灵。所以我一直想搞一个肿瘤医院，我跟苏大的相关负责人老早讨论了好几次。我说一定要搞一个肿瘤医院，级别高的，要有研究所在一起的，跟国外基本一样的，我们完全可以搞。肿瘤医院方案都搞好了。石福熙跟我们500多个留学外面的学生都联系过了，这些学生都愿意帮忙，有的甚至说回来都可以。肿瘤医院很难办的，不单是医生的问题。主要是要搞预防，苏州市市民每年总归要检验一次、查一次。我们肿瘤医院可以派人、派车子，医生送到他们小区，看看他们年纪大的，这个可以作为肿瘤医院预防工作。

马　调研、预防。

杜　肿瘤医院都要搞这种工作的。最终工作当然是看病治人，要搞点机器，并且一定要搞一个科研机构。再一个，要发布公报，每年到底苏州市有多少病人？做了手术效果如何？都要有一个报告出来的。

马　现在我们国家，包括苏州这边，肿瘤进入高发期了？

杜　对对，我们没有做工作啊！病人到处跑。

全国人大会议期间杜子威（右二）和张美芳、钱小萍等代表合影

马 您在苏州的亲戚，这样骂您的话，也很难过。

杜 我只有红着脸，没办法说。真的不得了，有些人真的倾家荡产。

马 以前没有这么听说过，最近刚刚发生。我们一个同事，他太太到这边体检，查出来以后，医生把结果说得很严重，当时人家就崩溃了。后来就跑到上海去，求人检查，检查下来，第一个医生告诉她，没那么严重。第二个医生说要开个刀，做切片检查，开出来以后，医生说可能还不是癌，现在结果还没有出来。所以把人吓得，全家都要崩溃了。

杜 最近，我的一个老朋友，她也患癌症，吓得要命，半夜打电话给我，请我帮忙。我找石福熙给她安排做手术，现在该出院了，没什么了。他们一家急得不得了，好像病人马上就要死了。我想，我们这个医学教学搞成什么样了？

马 现在这个风气真的非常不好。它肯定不纯粹是技术上查出来结果很严重，跟病人这样讲。它肯定还是有其他的一些因素在里面，反正总是首先查，查出来有点问题，先把你吓得半死。

杜 我上课的时候没讲过这种话，要把病人吓得怎样。这次这个朋友打了电话来，她的儿子也来电话，我们熟悉的，多少年交情了。托了石福熙老师打个招呼，一下就解决了。不应该动用主任的，要通过他讲，说明有很大的问题。动用石福熙，不得了。

马 就是。所以说，普通老百姓不就吓死掉了？

杜 并且我们苏州市完全有能力可以搞世界一流的肿瘤医院，肯定能搞得起来，并且有"后台"——我有500个留学生在外面，他们在国外都是第一流的专家，他

2007年，苏州大学召开海外医学校友大会，在海外的200多名原苏州医学院校友返苏赴会，这是海外校友与苏州大学领导合影。前排居中穿灰色大衣者为杜子威。

们回来一半就行，一部分回来也行。我的学生都做教授了，哪怕叫他们回来一次也行。年纪大了准备回来的，也可以。我跟石福熙两个人把世界上所有肿瘤医院的资料都收集了，再把我们苏州市的肿瘤数字都统计掌握了，准备搞一个多少床位的医院，设想已经交上去了，情况却突然变了，没有人找我。每年大家生病都找我，说，老杜啊，帮帮忙啊。每个医院都知道，我每年都要去一次医院，儿童医院、附一院，都要看的。每次半夜打电话打扰院长，也不太好。只好推到石老师身上，请他帮忙。

马　但这不是正常的方法，靠这种方法也解决不了几个人的问题，那么多老百姓呢。

杜　所以，我准备好了，完全能够做的事，为什么不做？

马　等于是上面首先提议，你们做了大量的工作，然后不了了之？

杜　任命我做顾问，要搞这件事，我大张旗鼓干了。

马　那你们肿瘤医院的方案都已经出来了，是不是没有钱啊？

杜　钱可以想办法的，不是办不到的。我们有发展办公室，有理事会。上次开理事会，有几个理事说，搞肿瘤医院大家愿意出钱的，搞肿瘤医院，公司是可以出钱的，外面人家讲。你要搞别的，他不愿拿出来的。你要造房子，他不高兴的。你要搞肿瘤医院，把国家政策拿出来，需要多少，这个可以的，人家愿意出这个钱的。

马　我们国内没有这种肿瘤医院吗？

杜　中山大学肿瘤医院搞起来了。

都付笑谈

- 赠送救护车这个事情我不知道,这个没有。
- 等生产出来了,就说给你们香雪海吧,我们家里就是香雪海冰箱。
- 这样写就会让人觉得苏州牌手表是比较便宜的,不是高级的东西。这个我有点看法的,作为苏州人,我认为这个手表是不错的。

姐夫捐的救护车

马 除了1972年回国捐赠了一大批仪器设备之外,后来还陆陆续续在买国外的先进仪器设备给实验室,资料上说您还捐赠过救护车?

吴 救护车是姐夫送的,姐夫送给第一人民医院①的。

马 姐夫啊?

吴 他的姐姐叫杜爱凤。

杜 她是我的姐姐,但不是我的亲姐姐,就是这个意思。

吴 就是养女。

马 是您这边妈妈的养女,还是……

杜子威与姐夫诸锡章(右)

---

① 即苏州大学附属第一医院,原来的苏州医学院附属医院。

杜　1937年我到这里来，我爸爸买来①照顾我的。当时出钱买了一个女孩子。

马　那也就是当时跟您在苏州一起生活的，跟您苏州的妈妈一起生活的。

杜　过了几年以后，东京那边缺人手，就把她叫到日本去了。她比我早一点到日本，她倒没受什么苦。

吴　这儿的妈妈告诉我，姐姐有一段时间想回家②，就让她回去了。她的亲生父母亲对她不好，就又逃出来了，逃到老杜家里来，以后就一直跟他们在这里生活。

杜　后来，东京的店里缺人手，把她叫过去了。她过去了以后，跟父亲的徒弟结了婚。他们就自己开了一个很大的店，生意不错的。

吴　他们的店现在还在呢，她儿子接了班。姐夫早就过世了，他和我们像亲兄弟一样。他赠送的救护车，第一个用的就是我。20世纪80年代国务院专家局组织我们到海南岛去旅游。中央特批每年招待一次从国外回来的专家，大概40个人吧，到我们国内各个地方去参观。我在海南岛参观的时候，摔了一跤，闪了腰。

杜　椎间盘突出。

吴　回到广州以后，发病了。我在暨南大学住院，医院要给我开刀，我就逃出来了，不肯开刀。老杜他们做脑神经的认为神经弄破了以后是不会好的，就不准他们开刀，用担架抬着上飞机。

杜　我抬啊，都是我抬着担架上飞机的。

吴　从飞机上下来，正好姐夫送的救护车来机场接我。

杜　这个救护车是他送的啊？

吴　他送的。他送给了苏州，同时送了几辆给他自己的家乡。

杜　回来后，她躺在家里休养了一个多月，腰自然就好了。

吴　后来这里体疗科的闫主任，用气功给我按摩，就完全好了，再也没有复发过。

马　这个救护车其实也是你们这个家族的捐赠。

吴　因为姐夫知道他爸爸捐了钱，所以他自己也要捐。

马　我们华侨真的都特别爱国。

---

① 和一夫多妻制一样，在当时是常见的事情。
② 回亲生父母家。

家里的冰箱被拆了

马　有人提到,您当年带回来的冰箱、空调啊,对我们整个苏州的轻工业产品的生产是有帮助的?

杜　冰箱都拿走了,哈哈哈!

马　拿走了,拆了啊,要仿造?

杜　他们要拆,我说你拿走好了。

马　所以我听到这个,是很惊奇的。20世纪80年代苏州有几个厂都是挺好的。孔雀牌的电视机,香雪海的冰箱,春花牌吸尘器。那个时候都很知名的。

杜　她(吴老师)已经不高兴了。她脑子里想,我辛辛苦苦带回来的。实际上是她自己讲出去的,人家也不知道我们有冰箱,她跟青联会的人讲过。

吴　当时我们江苏省有一个青年联合会,黄兴的孙子也在里面,他是香雪海的工程师。他在那里搞实验室,就来看我们的冰箱。

马　拿去拆了,然后研究?

杜　等生产出来了,就说给你们香雪海吧,我们家里就是香雪海牌冰箱。

马　生产出来,要给你们送一台是吧。我们家里那时候买的第一台冰箱也是香雪海牌的,就是我们苏州的。当时还有长城牌电风扇。

杜　对,长城牌,我们家里也有长城牌。

马　最兴旺的时候是改革开放之后,等到国有资产开始私有化之后就不行了。当时有个顺口溜:长城倒了,春花谢了,孔雀飞了,香雪海化了。那个时候"四大名旦"在全国都很有名的。现在我知道了,原来苏州香雪海的冰箱的模板就是您带回来的。

杜　可惜了。

苏州牌手表的事情我要澄清一下

杜　这个文章谁写的我不知道,写的我这个苏州牌手表。

马　还是中考的题目呢。

杜　我的研究生都知道,说这是"考了你的题目"。我说,怎么考了我的题目?我是苏州人,我对苏州是比较有感情的。我觉得苏州手表很好的,因为从清朝开始,宫廷里英国人做的钟表来了以后,康熙皇帝叫苏州人仿造了一大批西洋钟表,现在应该还在故宫博物院,所以苏州也有类似的条件能做钟表。我这个手表不错的,当时"文化大革命"期间,这个手表价格不高,但是很好,在北京是很出名的。那个王院长特地让我买了十块手表,他带到北京去给他二机部的同事,说明这个手表不错的,北京都有点小名气。写这个文章的,把苏州的手表写得好像是次品。

杜子威的苏州牌手表,依然崭新

马　他们可能不太了解这个历史。因为觉得您是从日本回来的，日本的那种精工类产品，的确做得很好的。那个时候有点会觉得国外的东西好。

杜　对，觉得国外的东西就是好。

马　那个时候，一是大家都觉得国外的东西好，还有一个呢，您回来不戴日本的手表，戴中国的手表，这是一种爱国的情怀。

杜　这个我理解。但是这样写就会让人觉得苏州牌手表是比较便宜的，不是高级的东西。这个我有点看法的，作为苏州人，我认为这个手表是不错的。王院长现在还在北京，我一次给他买了十块，他可以作为证人，他当时带回二机部，他说：你们苏州牌手表还是不错的。

马　一直到现在都还能用，这个现在也是老古董了。中国制造，17钻。

杜　有钻石的，不是假的呀。

马　还写着防震呢。

杜　高级的呀，17钻，当时钟表讲究的。上面两个石头，金子是磨损掉了，钻石是"呱呱叫"的。

他人说他

周岱[1]：他回来等于打开了一个窗子

马　周主任，您是1965年从南京医学院毕业之后就来苏州医学院工作吗？

周　对、对，我们是国家分配的。当时分配到苏医附一院。

马　分配过来您就在脑外科吗？

周　来的时候还不定科，先下乡，到昆山，整整一年，在千灯医疗队。1965年响应毛主席号召，把工作重点放到农村去，搞巡回医疗[2]。我们医院系统的100多人在千灯整整待了一年。

马　在乡镇医院？

周　卫生院、大队都去的。我每个大队都待过，同吃同住同劳动。背药箱帮病人治疗血吸虫病，病人睡在稻草铺上，我们跪在床上帮他们打针。那时候我们都是全科医生，什么病都看。

马　我看到您是从1970年起开始任神经外科医生的。

周　对，1970年以前都干普外科，什么科都干，我做过医疗队长。

马　杜院长是1972年回来，1970—1972年之间您一直都是神经外科医生？

周　是这样子的，我们原来不分科的，到1970年考虑到分科了。病人多了，要分专科。外科当然有普外科、胸外科、骨科、泌尿外科还有脑外科。脑外科还是刚刚起步，病人不多，脑外伤也少。脑血管病更不谈了。

---

[1] 周岱：苏州大学附属第一医院脑外科原主任，教授，博士生导师。
[2] 1965年6月26日，毛泽东提出要把医疗卫生工作的重点放到农村去。根据毛泽东的这些意见，卫生部党委提出《关于把卫生工作重点放到农村的报告》。凡主治医师以上的医药卫生技术人员，除年老体弱多病者外，都要分期分批轮流参加。在巡回医疗中大批医务工作者下乡与农民同吃、同住、同劳动，深入农民家中或田间地头看病治疗。

马　那个时候好像少。

周　少,另外检查室都还没有。我们以前没有CT怎么做?就是杜院长讲的做造影。那时候我们国内的造影针都是上海生产的,质量很差。他带回来的针就好,瑞典的,穿刺以后有接管、三通管。这样,病人出血就少了。否则我们做个血管造影,针线一拔,血就冒出来。然后针筒打药水,打完药水又拉掉,又喷血,要出来一摊血。后来用他带来的那个有三通管的针做血管造影,就基本没怎么出血了。血管一打开,三通管马上接上去,用盐水打,一点都不会出血。

马　在脑颅上?

周　造影是从颈动脉打进去,打到脑子里,做拍片。看看血管的影像、褪色情况。那时候看脑子里病变,全靠造影。1970年分专科,那时候我是普外看得多,大刀阔斧做手术,我本来喜欢胸外科。但是,分开的时候刚好轮转到神经外科,胸外科已经挑好人了,我就留在脑外科。脑外科当时有鲍耀东教授,还有林木根,不过鲍教授不做主任,林木根做主任,他们俩现在都去世了。鲍主任在"文化大革命"的时候被批斗,被批为"反动学术权威",被派去打扫卫生、打扫厕所、拔草。我的神经外科启蒙老师是鲍耀东教授,他带我们。当时我们神经外科的整体水平和技术比较差,就是搞搞脑外伤、囊肿。脑血管病不搞的。整个国内,临床水平的发展也是比较差的,跟国际水平差距很大。所以去了脑外科,一般都搞脑外伤这些东西。

马　1972年,杜院长回来以后,您在脑外科是什么身份?

周　一般的小医生嘛,那个时候我才二十几岁。

马　鲍耀东老先生是最近几年去世的吧?

周　五年了,2013年去世的。

马　他原来的学科是做什么的,就是脑外科吗?

周　不,他是日本九州大学毕业的,先在上海工作,后来调到南通医学院做教授,二十几岁就做教授。

马　很厉害的。

周　那个时候当然厉害。他是从日本留学回来的,进入外科。医学方面,技术理论、操作,都很好。当时在南通大学就是他搞脑外伤。为人很好,对我们很关心,学术很严谨。

马　我们本来也准备访谈他的,可惜过世了,蛮遗憾的。

周　他那时候教我们,有些事情我印象比较深。那时候我干脑外科,需要学习在脑室里穿刺，他跟我讲，脑颅像是个球面，脑子任何一个点和弧面垂直都可以到脑室。我们脑子里有脑室，有水的，怎么穿刺？就是弧面设任何点，和弧面垂直，都能到脑室。现在有年轻人问我，脑室怎么穿刺，我说很简单，垂直就到脑室了，几十年了，印象还很深。

马 杜院长在1972年回来的时候，您就在科室里当医生。当时科室里大家的感觉是什么样的？因为回来了一个留学日本的专家嘛。

周 我记得那是一个下午，我跑去一看，看到一个人坐在里面，穿得很帅，看起来四十岁不到。来了以后我们就叫他杜博士。杜院长回来以后蛮轰动的，各个地方都请他做报告。那时候，"文革"期间嘛，学术研究就像关在房子里一样。他回来以后，等于打开了一扇窗，我一看，外面的景色这么好。

马 这个形容真是太好了。

周 原来我们不晓得，他到处做报告以后，大开眼界啊。

马 就是介绍国外神经外科的发展情况？

周 因为当时的情况是，所有杂志都没有了，学校也不招生了。

马 那时候整个国家是封闭的。

周 "文化大革命"的时候，我们医院还关过门呢。

马 什么时候关过门？

周 1967年吧，关门没几个月。当时我跟我们陈明斋[①]院长正在给病人做一个阑尾炎手术，造反派要打到我们医院来了，做好手术我就逃走了。我穿着汗衫，花了两块钱，从葑门乘农民的船到夏港，夏港再坐船到甪直，逃到昆山，再逃到上海，到我亲戚家。

马 还有这样的事情？

周 逍遥了一两个月，不工作。他们后来发信给我说，"大联合"了，联合以后就回来上班了。

马 那个时候应该在1968年吧？

周 1967年年底还是1968年，具体时间我不太清楚。所以，"文化大革命"的历史，我们医院院史也没有人好好写。这些人还在，再不写的话，就断层了。那时候

---

① 陈明斋（1911—1997）：江苏苏州人。1934年考入北平协和医学院。1939年，获美国纽约州立大学医学博士学位。新中国成立后，购置了新式膀胱镜、手术器械和图书资料等，不顾美国移民局的百般阻挠，于1950年8月绕道香港回大陆，任苏州第一人民医院外科主任。

又是工宣队，又是军宣队。

马　这些历史真的很重要。

周　我们医院，包括我们博习医院的历史、传承的问题，很重要。

马　所以杜院长刚刚回来，给你们做报告？

周　不在我们本医院做报告的，到各个地方去，都请他做报告。杜院长来了以后，对我们，对我们国家的神经外科，特别是脑血管病的外科具有开拓的作用。因为当时我们虽然有脑外科，脑血管病也开刀，血管瘤、血管病、脑溢血手术都做，但是死亡率很高。

马　这个死亡率大概有多大？

周　动脉瘤手术，能活着出来就是成功了，大部分都死掉了。因为杜院长跟王忠诚[1]关系比较好，就推荐我去宣武医院进修半年，搞脑血管病和脑肿瘤。他们内部总结动脉瘤的病例，想写篇文章，结果把病例拿来一看，都是黑的，死亡病例都是黑框的。

马　杜院长回来之后，他带回了国外的先进技术、理念、器械，这个情况是不是有所改观？

周　那肯定喽，首先，脑出血手术我们会做了，高血压脑出血手术已经会做了，动脉瘤成功率可以说基本接近百分之百。我记得最早做手术的一个病人是望亭电厂的一个人。做动脉瘤手术，用的是杜院长从日本带回来的美国造的夹子，以前因为没有夹子很危险的。现在我们做动脉瘤手术，死亡率很低很低，千分之几。有了夹子，成功率很高了，所以说他的影响就大了。

马　现在你们做脑动脉瘤手术，这个夹子还在用？

周　现在不是这种夹子了，也是国外进口的，德国、日本的夹子，基本上是用德国夹子。

马　这个夹子更加先进一点了是吧？

周　不是先进，一样用的，只是类型不同了。所以那时候还是影响蛮大的。那时候，杜院长带我到北京给高级干部会诊，还要到南京给领导做手术。省委一个领导有动脉瘤，直接打电话给杜院长，是我陪他到南京去的。他做人是没有架子的，

---

[1] 王忠诚（1925-2012）：山东烟台人，神经外科专家，1994年当选中国工程院院士，2008年度"国家最高科学技术奖"获得者。

为什么这样说呢? 南京打电话来之后,我记得陪他上火车,因为是临时急诊,上火车没有座位,我陪他一直站到南京。

马 那时候到南京要四个多小时了吧?

周 一直站到南京,到南京以后,他们来接我们,我说这是杜教授,他们很感激,很感动。我们是在南京开刀的。

马 在南京,省人民医院开刀? 当时省人民医院也做不了这种手术?

周 做不了。所以那时候我们在脑血管病方面可以说是我们国家的开拓者之一。原来需要开刀,现在更上一层楼了。技术水平大大提高,更先进了,接近国外先进水平。死亡率也降低了。

马 您刚才讲的脑出血、脑溢血,意思是说以前发了那种病就不行了?

周 那已经不开刀了。

马 不开? 说难听点是等死? 之后就可以尝试?

周 现在能开,但脑溢血有的效果不一定好。

马 它太快是吧?

周 不是快,脑溢血是老年病,出血以后把脑子破坏了。出血部位不同,它效果不同。如果出血在不重要的地方,开刀效果好。如果出血在重要功能区,影响脑干,开刀也没用。所以脑出血不像动脉瘤,动脉瘤效果好。

马 有一些公开的报道讲,您跟王尧、黄强,你们三位教授是杜院长的得意弟子,这个说法是怎么来的呢?

周 王尧是搞基础研究的,在我们研究室。说是得意弟子么,主要是我们分专科,因为我们杜院长回来的理念是领先的,一来就分专科。那时候我负责脑血管病,黄强搞胶质瘤。黄强喜欢搞研究,开刀不大开。我开刀,也搞些研究。所以,有分工,有协作。但是人少嘛,大的手术,我们两个人协作。一般小的,大家都开。

马 我们在媒体上看到,报道您是"一把刀"。

周 我跟黄强协作还是比较好的。

马 你们年龄是不是差不多?

周 他比我大6岁,是农村出来的,读书迟。年资比我高两年,但是年龄比我大6岁。

马 一个团队的,都在这个实验室。

周 我专门搞脑血管病,在杜院长领导下,我们开展了脑血管病临床和实验研究,在国内来说当时还是领先的。我们1978年就做搭桥，做血管吻合术，还是比较早的。我1979年得了江苏省科技成果奖，那个奖状上的章还是"江苏省革命委员会"呢，"文化大革命"刚刚结束，还叫革命委员会。后来我们搞起搭桥，用于动脉瘤治疗，也是国内最早的。前两年，中国医师协会开会的时候，林峰在会上，打开幻灯片，其中把我的照片放出来，说1981年我的文章已经发表了，所以比较早。STA-MCA用于治疗巨大动脉瘤颅内外血管吻合术，1981年就发表了。

马　发表在什么刊物上的？

周　《中华神经精神疾病杂志》，就是中华医师学会他们认定的，我也得了奖，还有动静脉畸形术等，得了五六个奖，这是临床方面。另外杜院长他有一个理念，就是作为外科医生不能光是开刀，光会开刀不会做研究就是开刀匠，他讲的是开刀匠。我们到日本去进修，日本的那个教授也说，如果只是开刀不做研究，只算半个外科医生。

马　他们都特别强调科研跟临床的关系是吧？

周　杜院长讲同时做科研才是完整的真正的外科医生。所以我们对科研都抓得很紧。我在日本进修了一年。

马　当时您去日本，是不是杜院长帮你们联系的？

周　这个他都没跟你讲？

马　这个没有，他很谦虚的。您能给我们详细说一下吗？

周　改革开放之前，国际上交流基本是封闭的，没有交流。1979年、1980年的时候就打开了国际交流。我们在国内算早的。

马　苏医之前也没有跟国外交流？

周　没有。"文化大革命"时期怎么跟国外交流？不好随便交流的。最开始是杜院长请了他的老师工藤教授，蛮有名的庆应大学教授，到中国来讲课。

马　是哪一年？

周　大概是1979年。

马　真的是很早，改革开放刚刚开始。

周　杜院长很重视国际交流。这个对我们医院，对我们国家的整个神经外科起到了很大的推动作用。

马　当时工藤来我们苏州，是自己来的吗？

周　我们学校请他来的。

马　当时,他讲日文,我们这边肯定很多人都不懂,杜院长翻译?

周　鲍主任也可以翻译。后来八十年代他们有些讲师来做报告,我也可以翻译,学术方面问题不大。杜院长搞国际交流,请国外的教授来做报告。而且他跟国际上很要好的同学联系,派我们出去进修,算比较早了。进修对我们医院的神经外科,对我们的人生来说,是很大的转折点。我是1981年到日本去的,那时候刚刚改革开放,没去过国外。到日本,那时候印象也深。一去,哎哟,像刘姥姥进大观园,什么都稀奇。

马　您当时到的是东京吗?

周　名古屋。一到国外,灯光这么亮,这么多汽车,哎哟!我有一次问他们日本医生——现在想想还很好笑——我问日本医生:百货商店开这么多灯干吗?这么亮。你看我们那个时候,虹桥机场都很暗的。

马　那个时候,我们国内的确是很落后。您当时是到名古屋什么大学?

周　名古屋保健卫生大学,跟的是神野教授。

马　就是跟他做访问学者是吧?

周　我是做客座讲师,他给我评的。他们不叫进修,叫客座讲师。给我待遇,发工资给我。给我的级别很高的,待遇更好。那时候工资蛮高的,24万日元。

马　那个时候24万日元?

周　很高啦!给我们提供的宿舍,是一个套间,一个客厅、一个房间,还有一个书桌,沙发、电视机都有。

马　那个时候国内啥都没有是吧?

周　当时我们国家出国进修的政策制度比较严。虽然给我这么多,我只能用9万。

马　回来要上交?

周　我记得把它存到银行里了,第一个月的。

马　那个时候,我们学校派老师出去,到国外去教中文什么的,回来都要上交的。

周　我那时候直接存到日本的银行里。自己用9万,其他的都上交。9万,待遇应该还可以的。那个时候,对我们要求很严的,去之前,要到核工业部外事局接受教育,学了一个礼拜外事纪律。杜院长一直嘱咐我们,严格遵守纪律,好好学习。另外杜院长特别嘱咐:日本人经常聚餐,大的集体吃饭以后,会再到一个小的酒吧间唱卡拉OK。卡拉OK结束了,还要到一个地方。杜院长叫我到第二个地方以后,就不要再去了。所以当时我们每次在卡拉OK唱唱——那时候国内还没有卡拉OK——

唱完以后，我说我要回去休息了。他们知道我们有纪律，帮忙叫个的士送到宿舍去。杜院长对我们要求很严的，叫我们回来也不准随便买东西。那时候可以买几大件的，八大件，我搞不清楚。我买得很少，黄强一样都没买，要求严得很。不像现在，出国都买回来。

马　那个时候回来，如果是带电视机啊，冰箱啊，就很稀奇，那些国内都还没有，所以说还是比较先进的。您在这个名古屋保健卫生大学进修的是什么内容？

周　上临床，当医生。查房，开刀。在日本有个好处，可以让我们上手术台开刀的，但是不能单独开，必须跟日本医生一道开。我们去的医院有个特点，年资高的医生不多。就两个年资比较高的，一个教授，一个副教授，其他医生年资比我还低。所以有时候他们医生开刀，需要我来帮忙。哦，前面还有了，1980年，日本医生到我们院来进修过的，四五个医生轮流来进修。

马　您指的是名古屋保健卫生大学？

周　这个杜院长讲了没？

马　没有。

周　讲到这里，我就插一句，日本好多医生来苏医进修的。

马　也是通过杜院长吗？

周　通过杜院长。交流嘛。

马　那他们来得也是比较早的喽，也是1979年、1980年过来？

周　最早是1980年，就是住在"西班牙"小楼[①]。

马　哦，"西班牙"小楼里面？

周　第一个来的叫中村，住在"西班牙"小楼里，老婆孩子都带过来了。我们专门派杜院长的第一个学生陪他们日本人住到一起。那时候出去还专门叫我陪，为什么呢？当时出去玩的话，离开苏州是要报派出所备案的。

马　管得紧得不得了。

周　所以我们去名古屋保健卫生大学的时候，他熟悉我们的情况。我到日本的时候，他们年资都低。后来要开刀，他们开得不像样，副教授就跟我讲：你上去帮忙。我就上去帮他开刀、搭桥。我记得是搭一个日本的偏瘫病人，血管闭塞了，我

---

① 位于苏州市十梓街，原是民国博习医院建筑，现为苏州大学附属第一医院财务处和图书馆阅览室的办公用房。

给他做了接血管手术,接好以后做造影,证明血管吻合得很通畅。他们就把片子留给我做纪念。所以我们的关系很好,他们了解我们的水平。

马 当时这种进修,苏医内部有什么样的选拔机制?比如说,今年轮到谁,下次轮到谁。

周 是杜院长他们几个决定的,一般都是按年资、按专业需要。黄强出去,也跟我一样。他去的时候,临床上做得不多,主要做些实验。我么,也上临床,也做实验,做动脉瘤诱发大鼠的动脉瘤实验。我做实验成功了,文章也发表了,发表在《中华医学》英文版。那个时候,做动物实验模型,全世界,我是第三个。

马 很先进的。

周 算很先进的。那是1983年发表的。

马 您觉得杜院长带回来的理念,包括他的治疗,还有器械,包括派你们去日本,这段经历对您自己从医的生涯来说,是不是影响比较大?

周 不是比较大,是关键性的、决定性的,决定我的一生。如果没有他来,我可能默默无闻,也不会搞这么多临床和基础研究。

马 他回来之前,您自己做这种科研吗?

周 那个时候哪有做科研?

马 其他科室也没有?

周 没有,没有,肯定没有。没有搞科研的。

马 我也一再问过杜院长。他说当时国内的条件,无论是物质条件还是科研条件,其实是不太适合从事科学研究的。

周 所以,杜院长的父亲能够把他送回来,是很有魄力的,对我们国家是有帮助的。在最困难的时候把他送回来,在我们物质条件、设备条件都很差的情况下,等于创业了。而且器械都带回来了,新的理念也带回来了。杜院长会选人,他也看中人才。他没选择我们上面的一层来培养。当时我跟黄强,年资不算太高,上面还有一层。他看中我们临床做得还不错。黄强年资比我高,他先去了日本,一年后,我是第二个去,再后来,陆续还有四五个医生。

马 你们这个团队,杜院长一直到现在还是关心的。

周 关心。临床虽然他不大来了,但是实验室他很重视。实验室我不想谈了,他谈得很多了。我前面讲了,他讲我们外科医生,不光要会开刀搞临床,还要会做研究。对我们的研究,抓得很紧。有时候,我们过一段时间就要到他家里去汇报。定期汇报，最近做什么工作，下一步做什么工作。我们写的每一篇文章，全部都要经过他修改。他要求我们写的每一篇文章都要有一个亮点，新的观点。所以我以前发表的论文，现在拿出来给年轻人看，还是不落后的。

马 真材实料。

周 现在拿出来也不落后。我跟你讲，几十年了，八十年代到现在，我发了几十篇文章，现在来说，绝对不落后。最近流行搞搭桥，其实三十多年前我们就会搭桥了，我1978年就搞了。当时由于"文化大革命"，我们国际上交流少。国际上1967年就搞了。我们医院是1978年。国内最早是新疆医学院一个教授，1977年。

马 新疆啊？新疆医学院？

周 是上海华山医院下放到新疆医学院的，他搞得比较早，在我们国内是1977年。我们是1978年，也算早的了，在江苏省我们是最早的，还得奖了。脑血管病，杜院长抓得很紧的。他在各方面都做得比较早：动脉瘤、搭桥、动物实验、动脉瘤动物实验、诱发大鼠、血管痉挛、脑梗塞，好多基础研究，做得比较早。

马 所以我有一个不知道该不该问的问题，因为杜院长1993年就回日本了，虽然他后来也经常回来指导，跟他本人在这边，还是不一样的嘛。假设他没有回日本，一直是留在我们苏州医学院，一直是在做这块。那么，如果放在今天来看的话，会有什么差异？

周 巨大的变化，那差距太大了。设想一下，杜院长不回去的话，肯定是院士了。那肯定在各个方面都会有我们苏州医学院、我们苏大附一院的一席之地。因为他头衔在那里。他的成就，无论临床、基础研究，在国内都是首创的，教学也是首创。我们的夹子、搭桥什么都是创造性的，都是领先的，乃至在国际上都是领先的，除了动脉瘤夹子以外，还有一个，叫可调式颈动脉夹，也是苏州医疗器械厂生产的，我还送给华山医院一个，他们问我要的。

马 那个是可重复使用的吧？

周 可以重复使用的。它是套在颈动脉上面的，动脉如果一下子夹掉的话，脑子就会缺血，慢慢夹以后，就有个代偿过程，慢慢减少血流，可以促进循环，减少脑缺血。这个夹子还蛮好的，华山医院也在用。最近几年，我跟他们讲，这个夹子没有人生产了，就用到没有了。其实这个夹子是可以再生产的。现在都不用，都直接搭桥了，其实风险蛮大的。有时候搭桥可能代偿不了。

马 这种器械在手术过程中间其实非常重要啊。

周　我们脑血管畸形的临床治疗技术也是领先的。脑血管畸形，术中栓塞加切除，我们是国内搞得最早的。

马　现在我们脑外科，包括脑肿瘤，这块治疗和科研，在全国大概是什么样的水平？

周　国内学术界，现在提到我们脑外科，就谈到我们过去的技术是很好的。现在大家都在发展，而且这几年，脑外科得到的支持力度也不够，我们设备条件不如人家了。复合手术室也没有。复合手术室里有DSA、磁共振、CT，一般我们开个动脉瘤，如果有复合手术室，开完以后马上做造影。南通有，无锡有，九龙医院也有，我们就没有。杜院长如果不回日本，留在国内的话，我们脑外科至少能跟上海、北京并驾齐驱。

2018年，周岱（右一）的儿子周捷（右三）在回美国之前看望杜子威

黄强[1]：他是一个传奇式的人物

马 黄主任，我们想了解杜院长的一生，主要是学术和科研方面的成果。这几天经常听不同的人提到您，您是杜院长回来以后团队里面最早的一批人，是跟杜院长在一起的。所以我们想请您从这个角度聊一聊。杜院长1972年回来的时候，你是在附一院吗？

黄 在附一院神经外科，那个时候我在华山医院进修。进修期间，他们告诉我回来了一个日本华侨，神经外科的，非常好。当时我也非常高兴。等到进修结束，回到科室上班，我到现在印象还是很深的，杜院长已经在科里，我说我叫黄强。他说我早知道了。关于杜院长为什么回来，有不同的猜测。

马 您指的是医院里的同事们会猜测？

黄 整个我们神经外科这块，最后认定他是一个传奇式的人物。

马 传奇式的人物。

黄 因为大家都觉得：日本这么好，你还回来干吗？我们在国内还希望出去呢！你还回来？

马 当时有哪几种猜测呢？

黄 因为"文化大革命"以前有一些教授跟国外有过接触的，包括我们的鲍耀东教授，包括妇产科的谢教授，他们都是从日本留学回来的，就被认为跟日本有关系。因为日本是打我们的，是侵略我们的，这些人被认为是"帮"日本的，所以在"文化大革命"时期就受到冲击，是这一种世道。前面有人刚刚受到冲击，杜院长又回来了，什么意思啊？因此，有一部分人是不敢接近他的，就是怕以后还有什么

---

[1] 黄强：苏州大学附属第二医院神经外科原主任，教授，博士生导师。

事，你跟他说不清，要把这个关系撇开。我前面讲，一开始，最早没有人去跟他接触，但后来就觉得，应该向他学习。当时我手里面跟华山医院有一个科研项目，一种新的胶质瘤药物，我有一批病人，把资料总结了以后，我就交给杜院长，请他提意见。杜院长带了一批胶质瘤研究的培养基、培养杯、培养皿，这套设备他都带回来了，带回来也没有人可以做。我搞胶质瘤也不是做这个的，就是直接在病人身上用药。在日本，他的一个师弟，建立了一个日本人的胶质瘤细胞系，他带这些东西回来的目的呢，也是要搞个中国人的胶质瘤细胞系。我们脑外科医生，胶质瘤的临床不做是不可能的，那么就动脑子。有个附一院职工的家属在上海是做防疫的。做防疫的话，要查这个地方的细菌，查这个地方的病毒，拿出来要做培养的。正好通过关系，搞到杜院长这个实验室来。

马　叫什么名字？

黄　徐庚达，后来是附一院的劳动模范。

马　后来成了附一院劳动模范，他原来是在上海什么单位？

黄　上海防疫系统的，是上海一个县里面的防疫站的。他是会做培养的。把他弄回来就是要让他做细胞培养。他做培养，我帮病人开刀，拿下来的组织给他培养，一共培养了60多个病人的。有的培养不成功，但是，有几个细胞是成功了。后来我

1995年，苏州医学院博士生导师合影。前排居中杜子威，后排右八黄强

到日本去进修，杜院长规定我，除了做临床，一定要搞胶质瘤。叫我去搞胶质瘤，我就搞胶质瘤研究，搞了13个月再回来的。

马　您出去是哪一年？

黄　1980年。当时我们苏州医学院还有阮长耿也在这个时候一起出去的，他到法国，我到日本。

马　杜院长回来后，带了很多设备做实验，你们也去进修。您觉得后面我们脑外科这个水平怎样？

黄　杜院长回来，我们整个苏州医学院，整个神经外科，有一批人，理念上很早就有开放意识了。当时中国人是不搞科研的，认为搞科研有什么用？但是要提高学术水平，不搞科研是提不高的。在这样的情况下，我们在国内，一个搞胶质瘤，还有个搞血管瘤，是搞得最早的。

马　就是在国内？

黄　在国内，苏州医学院是搞得最早的。这个最早，没有杜院长回来，没有这套仪器设备，没有这样的理念，肯定是不会有这样一个成果的。那么更主要的，由于这样搞了以后，在"文化大革命"后恢复学位，博士学位、硕士学位，恢复研究生招生，苏州医学院是我们国家第一批。要不然我们就进不了第一批。

马　因为跟上海、北京的医院比，还是小医院、小地方。

黄　有一段时间，上海华山医院只有一个博士生导师，我们一下子就有两个博士生导师，因为鲍耀东和杜院长一起申请到了。再后来，我跟周岱，还有个惠国桢，我们神经外科就有五个博士生导师。

马　很强的。

黄　很强的，在学术界，影响力、知名度都不一样。没有杜院长，不可能有这样的成果的。实际上，杜院长回来以后，有好多方面都是国内其他医院用来参照的。现在回过头来，我们到后面发展得就慢了，现在来看这个神经外科，跟他们比，差距越来越大了。有很多原因，也说不清楚了。

马　整个国家改革开放了，其他医院也在上去。这种差距是从什么时候开始的？

黄　在2000年前后，人家的速度开始很快，我们就相对比较慢了。

马　如果杜院长后来没有回日本，一直坚守在苏州医学院，也一直是在这个领域里面，经过你们几代人的努力，发展得是不是应该会更好一点？

黄　这个没有问题的。

马 其实还是蛮可惜的。本来在七十年代、八十年代遥遥领先的。杜院长是第一批博士生导师,他自己直接带的博士生有几个?

黄 我来算一算,第一个是杨伟廉,第二个是朱剑虹,第三个是李晓楠,好像直接挂他名的只有这三个,还有几个是挂鲍耀东教授名下的。他们是大家一起带的。陈忠平是和李晓楠一起考的,他是鲍耀东教授的学生,但是学的东西、学术思想都是跟杜院长有关系的。

马 当时鲍耀东是跟杜院长在一个学科里面吗?

黄 一个神经外科。

马 他们研究的东西一样吗?

黄 我正好要讲到鲍耀东老教授。一般说,一山不容两虎,我们神经外科有两个教授,而且合作得很好。这跟两个人的为人有关,大家协作起来。鲍耀东教授回来得早,当时中国大的形势,整个国家都没人搞科研,他回来也不搞科研的。在南医大下面,江苏就是苏州医学院有神经外科,有教授的。杜院长回来了,大家要招生啦,都要有研究方向啦。鲍耀东教授就搞血管畸形,他招收研究生也是搞血管畸形,杜院长就明确地要搞胶质瘤和脑血管病。

马 明白了,您这样解释我就清楚了,鲍耀东先生是什么时候从日本回来的?

黄 新中国成立前,回来以后先到上海警察局当医生。后来到南通医学院做教授。南通医学院搬迁到苏州,他就过来了,是外科主任。天津回来了一个从美国回来的教授开创了神经外科,办学习班,鲍耀东教授去了,回来后,是我们脑外科第一任主任。

马 脑外科是经他创办起来的?

黄 那是1959年。杜院长1972年回来的时候,鲍耀东就是脑外科主任,也是教授。说起杜院长当时为什么要回到苏州医学院来呢?我们不理解呀。其实我到了日本后理解了,真正要在日本当一个学科带头人,华侨是很难做到的,他的父亲不肯加入日本籍,一直要保留华侨身份。杜院长回来可以得到发展。那么,为什么要到苏州来呢?从客观来讲,他是苏州人,他父亲就是要报效苏州的老百姓的。其实,我估计,真的到上海、北京,单位大,情况也复杂。到这里来呢,领导也很重视,鲍耀东也能接受他,项目之间合作很好。

马 鲍耀东先生应该说气量还是比较大的。

黄 气量比较大。中间也会为业务发生矛盾,也有矛盾的,但大家都不会放在心上，很快就卸掉了。

马 鲍耀东在脑神经外科当主任是到哪一年？

黄 杜院长接他的位置，当的脑外科主任，哪一年我不记得了。

马 是因为鲍耀东先生退休吗？

黄 不是的。杜院长后来很快就去当苏州医学院院长了。当院长之前是脑外科主任，当院长之后，这个脑外科主任还是他。

马 您也一直在杜院长身边，在您看来，杜院长当年带回来的理念、思想、设备，对苏州医学院的年轻医生是不是影响非常大？

黄 非常大，而且这个影响不光是我们脑外科。普外科也出去了一批人，普外科有好几个人因为杜院长的关系出去的，到日本去的。

马 实际上，他回来之后，慢慢才在医院里形成了一种科研的氛围了。以前，因为整个国家没有人做科研。

黄 他的影响不光是理念，像一些显微器械，各种设备，如果没有出过国的人，看都没看见过。王忠诚教授也是国内的一个名人，当时的学术水平，方方面面，杜院长应该在他上面。王忠诚是看了杜院长的显微镜才去买的。当时新疆乌鲁木齐医学院神经外科主任姓臧，也是看了这个显微镜就去买的。

马 他们当时也是要通过外贸到国外去买吗？

黄 国家也有点开放了，但是因为不知道有什么东西，买什么好，连名字都不知道。不要说型号了。哪里有？都是来参观了过后回去申请买，买了过后，他们才开始做这方面的研究。

马 那时候，您在华山医院进修的时候，他们有没有实验室？

黄 他们有一个叫神经病学研究所，是神经内科做的。这个研究所是前面讲的张源昌[①]教授从国外回来搞的，他的年纪比杜院长大。神经外科的发源地在天津，王忠诚就是这个创办人下面的一个学生。鲍耀东是去进修的。史玉泉[②]没有到国外去

[①] 神经内科专家，列入《中国人名大辞典》。20世纪50年代以后的神经病理研究，北方代表人物是从德国回来的许英魁教授，南方代表人物是从英国回来的张源昌教授。20世纪70年代，由王兴德教授、张源昌教授为主的专家们致力于帕金森药物治疗的选择和评价，为改善帕金森病并发症做出了巨大的贡献。

[②] 史玉泉在当时的上海中山医院，并建立起上海第一个独立的神外专科。1957年在国内首次开展颅内动脉瘤切除手术。

进修，自己创出来的一个神经外科。第一个开肿瘤的，不是王忠诚，也不是天津那个人，是史玉泉教授，他在国内第一个开脑肿瘤的。

马 天津那个人叫什么名字？

黄 叫赵以成①。赵以成就是神经外科的了。他回来后，带了一个接他班的，叫薛庆澄②。鲍耀东教授和他是同一个班次的。

马 胶质瘤是您主攻的方向？

黄 胶质瘤是我的主攻方向。周岱主任在脑血管方面，肯定比我要搞得好了。到真正开附二院，杜院长的设想是神经外科要分出去，一个科室，力量有限，比较分散。附二院要搞几个重点科室，附一院搞几个重点科室，各有侧重，大家一起协作。后来杜院长到日本去了，包仕尧院长到那边去承接，最后基本上没有什么侧重了，附一院有什么科，附二院也有什么科。那么谁去呢？一个是周岱去，还有一个是我去。其实，如果一开始整体去的话，我跟周岱就都要去。什么病房等条件都是周岱去调研的，照理应该是周岱去。如果我不想去，就周岱去。当时周岱不想去。当时到附二院去，肯定是吃亏的。

马 条件差么？

黄 条件差，要比较辛苦。杜院长当时在日本，附二院是1988年12月开张的，脑外科是没有的。一直到了1990年的4月，杜院长回来对说，黄强你去吧，当时我勉强去了，附二院才有脑外科。其他科室都是好定的，脑外科就是要杜院长来定，所以要等杜院长回来。其实我早晓得，周岱不去肯定就是我了。

马 黄主任，我们这几天采访下来，后来就想，有这么一句话，用在杜院长身上，您看合不合适：我们可不可以说杜院长是国内脑外神经医学临床与实验研究的开

---

① 赵以成（1908—1974）：神经外科学家。福建龙溪（今龙海）人。1934年毕业于协和医学院，获医学博士学位。1938年入加拿大蒙特利尔神经病学研究所学习。1940年回国，曾任协和医学院讲师。新中国成立后，历任天津医学院教授、附属医院脑系科主任，北京同仁医院神经外科主任，北京医学院教授，北京市神经外科研究所所长，北京宣武医院院长，卫生部医学科学委员会委员，中华医学会神经精神科学会副主任委员，国际外科学会和国际神经外科学会会员，加拿大神经外科研究所赏会年长会员。第二、三届全国人大代表。对颅脑损伤、脑肿瘤、脑脓肿、脑寄生虫等研究较深。主编有《神经内外科手册》《急性颅脑损伤手册》等。

② 薛庆澄（1922—1991）：河北省滦县人。1946年北京大学医学院毕业，学士学位。历任天津医学院神经外科主任、教授，天津神经病学研究所所长。我国神经外科学开创者之一、著名神经外科专家。

杜子威教授与鲍耀东教授（左）合影

创者？因为在杜院长回来之前，国内神经外科只有临床的，没有实验研究。杜院长回来以后，把实验的理念和先进的设备一起带进来了，所以就开创了神经外科实验研究与临床相结合的一个方向，可以这样说吗？

黄 应该说是可以的，但是用词可能还要再严谨一点。

马 您觉得怎么定位杜院长本人，包括苏州医学院这个学科，比较恰当？

黄 应该是现代——或者是当代神经外科临床与研究的先驱者或是开拓者。到底是先驱还是开拓者这里是有讲究的。回过来我说给你们听听：神经外科在古代就有，就是当初的华佗。从古代再到近代，近代再到现代，现代的神经外科实际上是建立在显微神经外科时代。显微神经外科时代，杜院长这个帽子能够戴上去了。他带了显微镜回来，在中国首先倡导神经外科要用显微镜来做。现在显微神经外科已经进入微创神经外科时代了，本来显微就是微创，但是微创是有很多导航设备，包括将来的机器人等，都可以达到微创级别。现在很多地方已经实现微创了，譬如附二院的兰青，可以说是微创的创始人。再下来，就要进入精准医学阶段了，这是今后努力的方向，更加高科技了。这样的话，可以将杜院长定位为显微神经外科时代临床与实验研究相结合的先驱者或创始人。

马 好的，谢谢黄主任。

谈琪云[1]：他告诉我做研究要耐得住寂寞

马 您今年多大年纪啊？

谈 86岁，杜院长比我大一岁，那个时候我从医学院生化研究所调过来，四十几岁。

马 我们这两天访谈杜院长的时候，杜院长就提到了您。他说当初他刚刚回来的时候，是你们三个人，还有一个奚为乎，正好一个是右派，一个是"反革命"，一个是海外关系。

谈 奚老师是右派，那个时候还没有"脱帽"。我的爱人是走资派。

马 叫什么名字？

谈 鲍洪贤，他那个时候是当权派嘛，被打成叛徒、特务。

马 当时您也受牵连了？

谈 我受牵连了，好在那个时候，人家也知道，虽然他被打成叛徒、特务，人家对我还是比较好的。因为杜院长那个时候需要搞生化的人，我是医学院生化教研组搞实验室的，刘铁珊是我们医学院党委书记，就把我从医学院调过去。那个时候是借过去的，借到杜院长的实验室。因为他的仪器已经运回来很久了。

马 当时您有没有听说这些从海外带来的仪器、设备，大概值多少钱？

谈 具体我不晓得，反正仪器好多好多。非但是实验室的东西，还有临床上的，手术室的。

马 都有些什么？

谈 手术显微镜，临床上开刀的。还有抢救的、放射科的，放射科还有好多东西。

---

[1] 谈琪云：原苏州医学院附属第一医院脑神经研究室研究员。

马　当时是不是都是杜院长的爸爸捐的?

谈　都是他爸爸捐的。具体多少钱你问他，问杜院长，他有数的。啊呀！哪来那么多东西啊？那个时候我们刚刚开始有彩色胶卷，要用彩色胶剂去冲。我们实验室就那么一大桶。

马　都是从日本带回来的?

谈　那么大一桶，所以肯定花了不少钱。要搞细胞，要好的专门的水，他也有这个专门的仪器设备，用这个仪器可以弄好的纯净水。回来准备怎么搞，他思想上早有想法的啦，都准备好的。

马　我们访谈的时候，杜院长也说，他其实是1972年回来之后可能看到这里的仪器设备很差。所以他请在日本的老师，工藤老师，也打听了很多日本的医院。看需要什么东西，他们就列清单，列了清单以后，再让他爸爸去买。所以，您刚刚讲到的，包括冲胶卷的那种冲洗剂，还有净化水的设备，全部都是进口的。

谈　就是这个专门生产培养细胞的水仪器，都是一套的，全部都有。他准备搞细胞，搞生化。

马　那么这些仪器设备当时都可以进口过来，但是给你们的地方不大，是不是基础条件都很少? 杜院长跟我们说，我到现在都记得，他说我特别能干，到各个科室一转，就拉回一黄鱼车各种各样的仪器。

谈　他带回来的仪器设备好比是：你家里有洗衣机、冰箱，但是你没有瓶瓶罐罐。做实验还要瓶瓶罐罐，这些瓶瓶罐罐都是到医学院拿的。因为我是从医学院过去的，所以我对医学院供应科比较熟悉。凭良心讲，医学院比较重视，我需要什么瓶瓶罐罐，医院里一句话就给。

马　蛮支持的。

谈　医学院蛮支持的。但是，其他科室也有意见的。其他科室说你们供应科"抱洋腿"。杜院长不是从日本回来的嘛，说供应科抱"洋腿"，就是有意见嘛。

马　杜院长回来的时候，你们医院里还有其他国外回来的博士吗?

谈　没有，没有。

马　那是"文化大革命"时期嘛。

谈　有是有的，但都是老老早早回来的。鲍耀东也是去日本留学的，他20世纪40年代就回来了。"文革"的时候回来的根本没有。

马　杜院长跟你们有说起过吗? 他为什么会选择那个时间点回来? 因为那个时候

正在闹"文革"嘛。

谈 他一直不和我谈这个的。那个时候我们实验室就两个人上班，还有个奚老师是从医院里面调过来的。杜院长天天早上从上班一直到下班都在病房里，要病房结束了，再到实验室。五点半以后，再到我们"西班牙"（实验室）来。他骑个自行车，我一听，使劲刹车的声音，我晓得，他来了。然后讲啊，弄啊，他一直做事情。起码每天要八九点钟回去。他说他在日本老早就一直看"马列主义"方面的书，他一直接受"马列主义"思想。

马 杜院长自己没跟你们解释过，只是说他老早就开始读"马列主义"的书？

谈 他就是说，他一直是比较进步的。

马 进步青年，爱国青年。

谈 爱国青年，他就是爱国。

马 他爸爸其实也挺爱国，花了这么多钱。

谈 的确花这么多钱呢。主要有爱国的思想，才回来的啦。

马 有爱国情怀的。

谈 他还带回来那么多东西，还有低温冰箱，一般的小器材也带回来。另外的话，他还带来很多免疫球蛋白，他叫我送到上海生物制品研究所。他说我们拿回来这点，将来用完了就没有了，我们应该要在国内自己生产。想办法拿到上海生物制品研究所。我送到上海，让他们去生产。让他们研究，想办法生产，后来生产出来了。那个时候我们一分钱都不要的，也不要他们写收据，我们主动送给他们的。

马 那您刚刚提到的，下公社做调研是什么？

谈 到刘福公社做调研。

马 这个也是杜院长刚刚回来的事？

谈 是的，实验室的人都出去，他也去。我们跟了他去，就是专门到农村里面去。他专门调查脑血管病、脑血栓、脑中风。

马 这个调查后来有研究成果出来吗？还是放到临床去用的？

谈 后来报省里的科研题目叫《脑中风预报》，拿了科研经费。

马 您还记得拿了多少科研经费吗？

谈 不记得了。我们还有个仪器设备，南京要来仿造，叫光密度计，拆开来叫他们看，看了以后，南京拿奖金给我们。杜院长放了一两个月，不分，整个退回去，退给他们。

马　您还记得当时给你们多少奖金吗?

谈　那个时候,好几千呢。

马　那个时候好几千。

谈　不得了了,蛮值钱了,我们都没有意见。

马　那个时候人的思想真的好。

谈　他蛮关心我们的。我记得我们做细胞鉴定的实验,细胞拿给我们做同位素鉴定,一做就是72小时。杜院长看我们忙得蛮苦的,买了十包方便面送给我们,他说你们辛苦了。当时感激得不得了。

马　那个时候就有方便面啊?

谈　比较稀奇的,很稀罕的。现在吃方便面不稀奇了,那个时候我们从来没有买过方便面吃。他买了十包方便面放在那里,说:你们辛苦了,你们泡泡吃吧。他为了我们,有些东西都是自己往厂里买的。像这个脑脊液,我们那个时候一直到第三人民医院去拿脑脊液的。那个时候都是骑脚踏车,骑脚踏车去嘛,车坏了,都是杜院长掏钱修的,他是一心一意要把这个实验室搞上去。

马　我做他访谈的时候,觉得他到现在,都特别想搞肿瘤医院。我问他生活中的很多细节,他都不记得。他就只记得怎么做实验,我的感觉他就是一心一意。当时他从日本回来,带了这么多的仪器、设备,应该在医院里还是很引人注目的?

谈　是啊,总归有人注意的,个别人会说"抱洋腿啦"之类的。

马　那是有点酸溜溜的话。

谈　医学院大部分科室的知识分子蛮好的。他主要来看看、学学新的东西、新知识。杜院长什么都教的。我讲的那个蛋白电泳,是我们用新的方法搞出来的。上海华山医院,那个时候他们实验室还没有我们的好呢,后来派人来跟我们学习。杜院长说,你全部毫无保留地教他们,手把手教,把他们教会,让他们自己也做,做会了,再带回去。他就这样子,毫无保留的,大公无私的。家里面的家用电器,一样一样拿过来,我还有点不舍得呢。他说,让他们拆。

马　您后来在实验室一直待到什么时候?

谈　退休。

马　您是哪一年退休的啊?

谈　1989年。

马　那其实您对"西班牙"楼和十号楼都熟悉。

谈 我熟悉得不得了,我最熟悉了。

马 "西班牙"楼是3个人,后来呢?

谈 增加人了,有苏州卫校的,还有镇江卫校的,一个一个都派过来。

马 后来十号楼增加到多少人?

谈 有十几个人。他是每一个人都有一个摊子,不让你们互相"打架",一个房间做一个东西。譬如脑中风预报,就是专门做脑中风预报的一个房间。专门细胞培养是一个房间。神经病理是另一个房间。

马 组织得很好。

谈 包括脑外科医生,每个人都是有特长的,都不会"打架"。周岱是搞血管方向的,黄强是搞肿瘤方向的。

马 像周主任、黄主任,他们选择方向是不是都是杜院长分配的?

谈 杜院长分配的。还有一个是做血管引流管的,是安排林木根搞的。每个医生都有侧重点。他用的就是国外的一套教学方法。

马 您能够感觉到他在平时科研、临床方面的思路,还有管理方面的方式,其实还是受国外的影响吗?

谈 我只讲个例子。我做脑脊液电泳这个方法,做了一年多了,后来发表文章在《中华医学》杂志上。那时我要是在医学院的话,老早不高兴做了,磨了一年多,如果是别的领导,就会对你讲:你怎么磨了一年多了,时光磨了多少,做不出成果来,不要你做了。杜院长说:你就不要思想紧张,你就当它好玩,你就当是玩玩。他就这样子讲的。他说:你放松,不给你压任务,不给你施压。另外还有一件事,我跟你讲,这个事情,我们一直蛮感恩的。他不是带来了冰箱嘛,他的冰箱是日本的,要用110伏的电,我们那时候也不知道日本电器用的是110伏。我们这里都是220伏。我和奚老师两人刚刚碰到一起,司机来了,冰箱到了,要插电的嘛。老实讲,当时拎不清,电一插上去,不行了,冰箱里面一个电阻就爆掉了。爆掉了以后,冰箱的温度要升上去了,放在冰箱里的血清不是温度就稍微高了一点嘛。我紧张得不得了,闯了大祸了。他知道以后,说:不要紧,只要你人没有什么就好。他就这样子讲啊,所以我感动得不得了。要是按照当时我们国内的一些做法,估计检讨啊什么的都要来了。后来我们马上想把这个冰箱修好,看看有什么影响,还好时间比较短,发现得早,后来我们医院里面一个设备科的,他把电阻管配上去就好了。我心里想我就是碰上杜院长,还关心我人有没有事,要是碰上别人,老早被骂了,还要写检查。

马 这种价值观,可能还真的是受当时的国外教育的,他第一个就关心人,设备不要紧。您1989年退休的时候,杜院长还没有回日本吧?

谈 我从1974年到1989年,一直在实验室,没有离开,亲眼看到这个实验室慢慢发展起来。等于从无到有、从小到大,文章一篇一篇出来。我们先有实验室,先有科研基础。我们搞细胞研究的时候,王忠诚那个地方还没有搞出来。王忠诚是北京最有名的脑外科专家,现在走掉了。北面的是王忠诚,南边的是史玉泉。杜院长回来的时候,史玉泉已经是华山医院脑外科主任了。我们研究生答辩,总归要请他来的。那个时候杜院长博士生答辩都是请他来的。但是那个时候华山医院没有实验室。我到上海去,把杜院长的手术器材拿到上海衡山宾馆,就是放在这种台子上,全部摊开来。史玉泉叫上海的厂家看了之后仿做,这些器材带过去就像到那边去开展览。

马 有的时候,历史不能假设。如果假设一下,当年杜院长回来的时候,把那些设备、仪器一下子弄到其他地方,比如上海啊,那可能整个情况不一样了吧?

谈 杜院长回来的时候,是可以选几个地方的,北京、上海,都希望他去,杜院长还是选择回苏州。苏州是家乡,而且正好这边有个医院,方便他研究。他是苏州人,所以他是回故乡。

石福熙[1]：他最关心三件事

马 石老师，我们主要想通过您了解杜子威先生的一些事情。因为您对杜子威先生比较熟悉，您前面已经给了我们很多材料，我们也都认真地翻阅了，有一些问题希望从您的角度来谈谈。石老师，您是哪一年到苏州医学院的？

石 我是1984年到苏州医学院外事办公室工作的。

马 您一开始就在外事办公室工作？然后是从发展办退休的？

石 应该是从我们国际合作交流处退休的。退休了以后，因为我们学校要发展医学这一块，然后就返聘到学校的发展办，主要工作是联络原来苏州医学院的海外校友。因为在2007年举行了一次医学交流大会[2]，从那个时候开始。

马 2007年开了这个医学大会之后，您指的发展办工作是哪一块呢？

石 主要是联络苏州医学院出去的医学界人士。

马 现在大概有多少人？

石 我们在世界各地都有。集中在美国比较多，美国有300多名。2007年这次来了将近200名，这是学校很大的一件事情，因为苏州医学院合并到苏州大学有些时间了，所以说要开展这方面的一些教学、科研、临床交流工作。

马 您记得杜子威先生是哪一年到医学院的吗？

石 1981年到医学院。

马 做副院长大概多长时间？

---

[1] 石福熙：苏州大学国际交流处教授，原苏州医学院外事办公室主任。
[2] 2007年12月29日至31日，"苏州大学医学教育发展研讨会暨海外医学校友大会"召开，2008年1月3日《人民日报（海外版）》以"苏大医学院80余位海外校友'回家过年'"为题，报道了此次会议的情况。

2007年，苏州大学医学教育发展研讨会暨海外医学校友大会全体合影，海外校友均为石福熙负责联系

石　这个具体不知道，1981年到1984年之间吧，1984年任医学院院长。

马　您到医学院来的时候，杜先生已经是院长了。

石　他已经是院长了，就分管外事工作，刚好碰上出国潮。

马　正好是刚刚改革开放之后。

石　医学院的一些老师和医生出国的心情非常迫切，很大一批人在很短的一段时间内要求出去深造。

马　当时杜院长的态度是？

石　他是非常支持的。所以这一点对我们来说应该说是很骄傲的事，现在有那么多人才在国外。而且以后回来了的也好，不回来的也好，都是中坚力量。三个附属医院里边，主任这一级的，基本上都是国外回来的，都是挑重担的。

马　那我的问题是，当时那么多的人要出去，会不会对医学院有影响？当时杜院长有什么考虑呢？

石　杜院长是这种看法，叫"来去自由"。当时国家有个政策叫来去自由，让人才到国外去也是培养人才，总有一天他们要回来的，所以他极力支持出国留学。

马　八十年代每年出去的人大概有多少？

石　100名左右，有长期的，有短期的。

马　他们出去是跟医学院脱离关系，还是医学院以公费的名义派出去呢？

石　有两种。一种是国家公派留学生，钱是国家出的，用的是教育部的名额，要经过考试，通过这个方式出国，这些人按规定是都要回来的。当然，后来有人选择不回来了。还有一个是单位公派，所谓单位公派，就是单位联系的，我们开展民间的合作交流。比如说我们医学院和美国的大学医学院有合作交流，而他们需要我们派出去，我们医学院选了人以后就派出去。

马　那么您刚才讲的态度，他是积极支持的，出去进修也好、学习也好。还有一种人觉得我们学校再出去就走空了，因为出去的一般都是比较优秀的人才。那么这样的人才走了，学校怎么办？医院怎么看病？

石　要出去的人很多，需要排队，有的可能条件还不够，怎么办？这个归口的工作就在我们外办。某人报关资料行不行？国外院校的联系怎么样？去的学校好不好？因为要出去的人很多，这个事情办起来有点复杂，不一定马上能够实现，有些人就直接找杜院长去了，因为他分管这个工作，又是一把手。杜院长就经常跟我讲，他说，今天又来多少人了，要我表态，要我放人。人家认为你把院长说通了就算了，叫外办来办理就行了。他不是这样，他就跟人家讲，这个事情有主管的部门，所有的手续，都要通过这个部门，他们会有比较正确的决定的。按照上级规定，按照政策来办。这说明什么？就是按照政策办事，杜院长不会显得他好像是一把手，想叫谁出去就叫谁出去。他其实是非常尊重部门工作的。这个我印象很深刻。他从来不表态。

马　那个时候好像还没有"你不放我就算了，我自己拍拍屁股走人"这种现象，集体意识还是比较强的。如果申请的人很多的话，那他是怎么处理的呢？

石　我们有一个原则：一个是经济上要落实，一个是对方学校要选好。经济上要落实，因为不全是靠学校靠国家的，专业还要对口。那么你走了以后，你所在的部门或教研室还要有人在工作。确实是各方面都比较优秀的人才被派出去。我印象很深的一个事情是，当时有的人家里经济不好，连来回飞机票都不能支付，我们就帮他——既然学校已经同意你出国了，你有这个困难，我们先给你垫付，学校借给你，你什么时候有了钱再还给学校。所以人家急需用钱的时候，学校就帮了忙。

马　的确还是非常支持的。

石　所以学生是很感动的。他到了国外以后，很快就把借的钱给还掉了。而且这件事情让他们始终觉得母校很关怀他们，他们也不忘母校。

马　这个很关键，学校能够在他们最需要的时候站出来支持他们去学习。

石　这是第一点。第二点，即使有的不回来了，我们也不追究。他们只要告诉学校，近期不能回来，即使是以后回来，我们也不追究。

马　这种情况当时杜院长是怎么考虑的呢？好像一般的单位不是这样处理的。

石　我们从来不公示，就知道这个人的名单还在我们学校里边，不发工资，待遇都没有了。但是名义上还是属于学校的，还经常保持联系。

马　当时是不是像这样的一些人出去之后，但是超过了他应该回来的期限，然后没有回来，这个工作就是您这个部门去做了？是不是杜院长有比较明确的指示或者倾向，说要做好这个联络工作？

石　对，他是主张来去自由。他相信他们将来会回学校的。那么只要他们来学校，我们还是热情接待的，了解他们的情况，所以他们感到学校很温暖。我们接待的工作是很多的。

马　你们输送了很多人出去，后来回来的大概有多少比例？

石　现在可能是百分之三十多。各个医院都有回来的，附一院、附二院和附属儿童医院都有陆续回来的。2007年的时候我在主持这个工作,我给每个在海外的人都打电话。苏州大学原来没有医学这个专业,2000年合并了苏州医学院,医学教育成了学校很重要的组成部分,学校考虑发展医学一定要引进人才,所以2007年就筹备了一个大会,邀请在世界各地的苏医学子来参加。我是2007年7月到这边的,10月底就要开这个会,准备的时间很短。我觉得很有意思的是,因为当时发展办没有人了解医学院以前的情况,所以杜院长点名叫我来帮忙做这个事。当时我压力很大,因为世界那么大,那么多人分布在世界各地,有的有联系,有的都不联系了,到底能不能请来还是问题。你要把他们联系起来,还要让他们按时回来,这是很大的一个联络工作。

马　2007年杜院长是一个什么情况?

石　他是1993年辞职的,包括省人大常委会副主任等一切行政职务都辞掉了。但是他辞职以后,基本上每年都要来一次,而且重大的事情他都要来,包括校庆,2007年这个事情他肯定要来啊。

马　他那个时候是名誉院长?

石　在没有合并以前他是苏州医学院名誉院长,2000年合并了以后,他就是苏州大学医学部的名誉主任,还是苏州大学发展办董事会的名誉董事和脑神经研究室的名誉主任。

马　苏医合并到苏大的时候,苏州医学院是核工业部名下一所非常著名的学校,而且有院士。苏州大学当时还没有院士,知名度和社会地位没有苏医那么高。杜院长当时是名誉院长,他对合并这个事情是怎么看的呢?

石　按照我所了解的情况,在合并以前,苏州医学院已经在申请更名苏州医科大学,所有的材料都已经准备好了,核工业部也希望能够成立这样一所医科大学。在理工科里,苏州医学院在整个核工业部是举足轻重的。在对外合作交流方面,我们医学院也是举足轻重的,特别是民间的合作交流。至于合并这事,一个是政策,一个是时机,几个因素合在一起,不得不合并。

马　您说不得不合并,是不是苏医当时还是不太愿意合并进来?

石　从上到下的确有一些呼声。苏州医学院尽管学校小,它的历史是很悠久的,而且出了很多人才,实力也很强,放射医学是最强的。那时候人才都是核工业部通过国务院统一安排的,全国选调,所以我们一级教授、二级教授很多。所以我想这个人才的培养根基比较厚,可能跟教师的质量有很大的关系。

马　合并以后，其实它的优势反而消失了，失去了核工业部这个坚强的后盾。

石　主要是人才方面。

马　杜院长对合并一事有何看法？

石　我知道他这个人是服从上级决定的。上级已经定了，文件已经批下来了。

马　就是要在苏州努力建设一所大学。

石　你再怎么说也没有多大用处了，就处于这个状态。医学院这样一个院校，合并以后究竟怎么样？能不能继续发展？力量是增强了还是削弱了呢？在管理方面怎么样？一段时间以后，提起合并的事情，他觉得还是有一些遗憾的。

马　苏医原来的定位很清晰，又是核工业部下属的，一些重点学科发展得也很好。他的心情可能代表当时苏医大多数教职工的心情。

石　对。杜院长一贯认为，我们学院尽管小，但是我们实验力量很强。他说，房子不一定大，人不一定太多，管理人员不一定多，只要我们搞科研的人才多就好。他说房子搞得很大，实力不强是没用的。我们学校后来发展新校区，搞得很好，但是他总觉得医院一定要靠近学校，学校一定要靠近医院。原来很方便的，附一院教授门诊以后，骑个自行车十来分钟就到学校上课了，上完课以后他又很方便地去看门诊了，这个交流很密切，所以这是很大的一个遗憾。因为在国外，所有的医院都不能脱离医学院，医学院必定要考虑医院。杜院长一直是这个观点：我们小一点没关系，人充实一点。房子小一点没关系，我们设备精一点、人精一点，这个完全可以搞科研，不影响的。

马　您觉得如果他1993年不回日本，一直在国内发展，会是一种什么样的情况？

石　假如他不回日本，无论对他个人来讲，还是对学校和医院来讲，都有很大的帮助。可能会发展得更好。

马　因为他1993年就享受国务院津贴，这个我知道是非常非常少的。像我们文学院当年只有钱仲联先生才有，所以应该说杜院长是这个领域里的顶尖人物。

石　他觉得无所谓。1985年到1992年他都是国务院学位评定委员会委员，都是评定博士生导师的人。包括现在一些在这个领域里的院士，当时都是他下面的人。今年3月份在上海开会，那些院士对杜院长都是很尊重的。

马　对。如果当年不回去，他个人也可以有非常好的发展空间，他所在的这个团队，以及他的研究领域肯定能够给他带到国内的前沿去。他有没有表达过这种遗憾？

石 我觉得他倒没有流露出遗憾。但是很多人认为他很可惜,包括实验室。假使他在实验室当主任的话,医院里给他的设备和经费可能更多一点,实验室可能会发展得更快。虽然现在也不少,但是他在的话,项目可能更多,影响可能更大,跟全国的合作可能更多,争取的资金可能更多一点,这个完全是有可能的。到现在还是在以杜子威的名义和国内很多机构搞合作、做项目,发表文章还是要以杜子威实验室的名义,还是在利用他的声誉做事情。别人为他可惜,但他没有。比如说如果他不回去,评上院士我觉得应该是没问题的。后来学校要评一级教授、二级教授,所有的工作都是我们在做。给他二级教授,他也无所谓。他的看法是:什么一级教授、二级教授?教授就是教授,够条件就是教授,不够条件就是副教授,够条件做讲师就是讲师,讲师够条件,就按照副教授的待遇来。副教授要评到教授,要严格考核,但没有什么一级教授、二级教授的说法。

马 他的二级教授是什么时候评的?

石 可能在2008年,就是上一次我们学校整体在搞一级教授、二级教授评定的时候。我给他打电话,我说,杜院长,学校在评教授,你是其中之一,你要不要参与这个事情?他说,我参与不参与都可以,填不填都可以。我说,我还是帮你填吧。那时他还没有正式退休。

马 他当时没有拿到一级教授,是因为不是院士的原因,只有院士才可以评一级教授。

石 一级教授必须是院士,这个当然很清楚了。但他觉得无所谓,他不在意这些东西。他甚至跟我讲:我就不要了吧,年纪这么大了。

马 那他回去之后是任职的吗?

石 回去以后是在那边工作的。他是医生嘛,所以庆应大学叫他去工作。但是在这以前,他还跟名古屋保健卫生大学、昭和大学有关系。他的庆应大学的同学都在这些医院里面当领导了,比如院长、校长、主任等。特别是脑外科这个领域里,都是他的同学。所以交流是很自然的事情。他不断地在牵线,引进人啊,把人推出去啊,依然在搞这些,还是关心学校的发展。杜院长有一个特点,他喜欢做上层的设计,比如课题方向、医院的建立之类的。

马 就是战略规划。

石 战略规划。他来苏州以后,附二院完全是靠他从平地盖起来的,很辛苦的。核工业部要建这个医院,当时他正好是苏州医学院院长,包括附一院,附一院的老医院的改造，新医院更不用讲了，他每次去都看得很细，把医院院长找来，指导和商量什么地方要改，不管怎么改，都要为病人服务，什么东西能给病人提供方便条件，他都从这方面考虑。安全问题、车程他都要考虑。比如儿童医院，阳台的玻璃太低，出了事情就不得了……这些方面他都要考虑。

马　附二院建起来是哪几年？

石　1984年到1986年。原先附二院所有的人是从附一院分流过去的，那时候很多人想不通，因为一个医院要建起来，不是一年两年的事情。而杜院长有一个观念是，搞医学、办医院都不是挣钱的，是要贴钱的，要源源不断地投资的。他说医院不能赚钱，医院只能为人类健康服务。

马　石老师，您跟杜院长共事是从1984年一直到今天吗？

石　30多年了，还在合作。

马　1974年前后，国内的医院建实验室还是很少的吧？

石　无论是人才还是实验室的设备，那时候都是第一流的。他回来，直到现在，就是要解决他这个领域的肿瘤的问题，这是人类的一个大敌，而且是恶性肿瘤。所以他很清楚，一定要建脑神经研究室，一个是脑血管的，一个是胶质瘤的，就是要研究恶性肿瘤的问题。那时候他引进的大批先进医疗设备跟仪器，可以说是在中国没有的。都是从日本带来的，他爸爸把在东京最繁华地区的一个店铺卖掉了来买这些设备。到目前为止，他这个仪器设备在国内可能还是算一流的。所以那时候，我们附一院不得了，在全国都有名了。成天是这个领域里的教授、专家、医院的研究者来参观。

马　如果假设一下，当年杜院长回来的时候，把那些设备、仪器一下子弄到其他地方，比如上海，会怎样？

石　杜院长回来的时候，是可以选几个地方的，杜院长还是选择回苏州。

马　哪几个地方？

石　北京、上海，都希望他去。杜院长还是觉得首先苏州是家乡，其次正好这边有个医院，方便他研究。那时候他去北京、上海，完全可以，任他选。

马　设备进来之后，从哪些渠道去物色人才呢？

石　还是以附一院为基础。

马　有没有特别从其他医院去调一些人进来？

石　有，有从上海调过来的，但基本上是在原来的基础上培养的。这个实验室他培养了三个人，一个是脑血管专家，一个脑肿瘤专家，还有一个是神经生化的专家。这三个人是出色的第一代，在苏州这个领域都知道的，黄强、周岱、王尧，他们都有重大的贡献。改革开放以后，实验室商业化了，就是抽一次血要多少钱、脑神经方面的设备用一次要交多少钱。对于这个事情，杜院长不太满意。从老的医院搬到新的地方开始整顿，他下了很大的决心，跟医院讲，没到退休年龄的把他养起来，该退的退，然后进新人，要进一个非常得力的主任。所以就形成了一套班子，现在有几十号人。

马　现在的周幽心主任是杜院长的学生吗？

石　是啊，周幽心是这个团队里边他最信得过的人，所以派他到日本去进修，学习了两年多，尽管他是临床医生，但是科研也搞得很好，很负责任，所以杜院长很欣赏他。从搬到南区以后实验室的工作就开展得很好了。他的团队有三个博士生，分别获得了1989年、1997年、2009年世界神经外科大会的优秀青年医生的称号，这三个人都是住在他家里的，所以他家被称作是"凤凰窝里出来好凤凰"。

马　那他真的是全心全意培养他们。

石　第一个现在是上海华山医院脑神经外科的首席科学家朱剑虹，他那时还是学生，出去有经济困难。杜院长说：没有问题，你去吧，有问题我来承担。就是这样把他送到了印度，不然的话，就失去这样的机会。第二个叫李晓楠，还有一个叫赵耀东。从此以后人家都知道苏州医学院这样一个院校，就是连中三元啊，人家说这个实力来自杜院长，我觉得应该是这样。1994年他给了一笔基金给学校，设"杜子威医学奖"，直到合并以后还在延续，他说他没有那么多钱，这个奖励面不能太宽，只能是医学奖学金，给学医的人。钱不多，但是你们知道他不是资本家，不是企业家，不是做生意的，所以这有限的钱能够做一点点小事情。1994年到现在有140多名学生获得他这个奖学金了。

马　受惠的学生还是很多的。杜院长1993年回日本之后，他有固定的职业吗？

石　他有几部分收入。我们国内一部分，退休金应该还有。还有一部分是庆应大学叫他去坐门诊。他还有些父母亲留下来的遗产。他这个奖学金是把钱存在银行，用利息作为奖学金，获奖条件是要德才兼备，照顾贫困学生。

马　是善心，心很善。

石　我觉得他有一个很大的理念，就是希望这些人，前期的学生也好，后期的医生也好，必须要搞科研。

马　在他的观念里,科研还是非常非常重要的,放在第一位的。

石　第二个就是要刻苦学习,他说考医学院本身就是艰苦的事情,每一次都鼓励他们:希望在你们中间,走出我们中国的诺贝尔医学奖获得者。他对学生期待很高的。

马　石老师,杜院长之前想在苏州建一座小而精的、高端的肿瘤医院,这个事情能不能跟我们简单说一说?

石　这个事情我是亲历的,至少三次。尽管他离开了学校,还是不间断地在探索这方面的课题。

马　那您觉得建肿瘤医院是不是很重要?

石　几十年的时间,他心中就是要解决这个比较难以攻克的课题。而且现在肿瘤确实对人的危害很大,病人数量的增多也决定了有这样一个需要,所以他就想搞一个肿瘤医院。而肿瘤医院也不要太大,以一些重点的肿瘤为主,再逐步扩大,科研跟临床相结合。一直想搞这个事情,没有机会。2008年5月他到学校来,学校领导就说要成立苏州大学肿瘤医院。名称都定了,请杜院长当总指挥,那当然要平地

2018年6月15日,石福熙(左四)陪同杜子威(左三)考察苏州大学医学中心

而起，要筹建，包括硬件、软件、人才，这是很重要的事情。杜院长一口同意，他讲这个事他来完成，没问题，正好是他心愿中的一件大事。然后马上就去看肿瘤医院建在什么地方。现场都看了，他觉得现场也不错，就商议要在几个月的时间里拿出一个计划来。这也是我经历的，包括一位校领导，就我们三个人分工搞这个任务。杜院长说所有日本方面需要协调的事情由他完成，回去马上完成，三个月他就做完了。

马 日本方面的事情主要涉及哪方面？

石 主要是怎么样建立一个肿瘤医院？整个指导思想是什么？肿瘤医院软件应该怎么建？医院怎么建？基建怎么搞？科室的布置怎么做？指导思想跟实际怎么结合？床位如何设置？……这一套都要有的。

马 这是一个总体设计。

石 包括后勤的一些什么水管，什么水煤电，这些东西都要考虑在里面。他有一个有利条件，现在日本的好几个肿瘤医院的院长都是他的同学，他当时就觉得没问题。杜院长说："人才的事情，由你帮忙了。"他叫我帮他的忙，我说没问题。我说美国的人才很多，一帮人都在搞肿瘤，各种肿瘤，我对这些脑子里还是有点印象。

马 都是原来从苏医出去的？

石 当然。杜院长说，你脑子里有本账，你把这个账好好再整理一下，是要专门搞肿瘤的。我就专门整理了一下。

马 大概有多少？

石 几十个人。包括研究院的、科研机构的、临床的医生，基本上包含了我们目前几个重要的肿瘤方面的人才，而且他们也愿意来。

马 已经跟他们联系过了？

石 都联系了。而且都是当年我们派出去留学的。杜院长很高兴。我们按原计划三个月完成了报告，我把杜院长寄过来的报告上交了。没想到此事暂时搁置了。

马 没回音了？

石 是的，就此搁置了。

马 他想建一个肿瘤医院，您知道他这个想法是怎么来的吗？

石 第一，他本身就是研究这方面的课题的，要解决人类的健康问题。第二，至少在苏州，这方面的病人很多，有人直接找到他，有人间接找他，希望在苏州建立这个医院，因为这样就可以减少很多病人的负担，不需要跑北京、跑上海。在我们苏州建多好呢，不需要跑了，而且我们不是没有这个实力，我们有这个实力。

马 他是有研究的，然后临床基础都非常好。

石 真的很好，他说开始我们不要搞得太大，主要针对几个病种，比如肺癌、胃癌。而且的确他一生研究的课题还没解决。

马 从科研上来讲，他是一直想要攻克这个难关，另外老百姓也有这样的需求。

石 因为现在各科的肿瘤治疗没有统一的标准。建立这样一个肿瘤医院将来就有统一的标准。比如现在消化道肿瘤，就可以在消化科看，肺癌就在胸外科那边看。每个都有标准，将来综合研究制定统一的标准。

马 这是2008年，这个事情就不了了之。

石 这是他心中要做的事情，但是结果很失望。但是上次北京请他去，这是个高兴的事。那是2010年5月的事情。北京有一个医用中子照射器[1]，样品已经出来了。但是要验证，还要用在临床试验。北京市主持这个工作的一个院士姓周[2]，请杜院长来指导这个工作。

马 他从日本过来?

石 他从日本赶回来，然后从苏州到北京，看了之后感觉确实很有发展潜力，杜院长很高兴。周院士不认识他，他也不认识周院士。当时一见面，我很感动。周院士说：杜教授我不认识你，我第一次见到你，请你来指导工作，这个是我花了很多精力才建成的照射器。他说，我是从你八十年代的一篇文章得到启发才有今天的，所以请你一定要指导。

马 那个中子照射器，是不是也可以说是在杜院长的研究的方向上往前推进了一步?

石 应该说是的，在这样的一个领域里，有这样一篇文章给他启发，才有后来的思路，建成这样的设备。这一次访问以后，才有今天北京的研究机构跟我们实验室的合作，因为他们要临床，我们正好有医院、临床的基地，和研究可以结合起来，所以到目前为止，合作交流得很好。

---

[1] 该装置运行的原理是先将一种含硼化合物注射进入人体，通过血液循环进入脑内，当用中子束照射患者肿瘤，中子与其发生核反应，可以杀死一定范围内的肿瘤细胞，从而达到治疗目的。
[2] 周永茂(1931-)：核反应堆工程专家，中国工程院院士。浙江省宁波市镇海区人。1955年毕业于上海交通大学。1958年苏联莫斯科动力学院核能进修班毕业。

吴少煖[1]：他一辈子最大的事业是临床和实验

马 吴老师，您的名字里面，有个"煖"字，火字旁，这个字是出自庄子的《大宗师》，有句话叫"煖然似春"，"煖"是温暖的意思。这个很有文化的名字，是谁给您起的？

吴 我父亲是广东人，很讲究的，我生出来大概请人算过命，查出来五行缺火，所以名字上一定要加一个火。

马 那您简单介绍一下您的家族吧，您是第三代华侨吧？

吴 对。我父亲的叔叔先到日本的，他在日本的明治[2]年间，先到横滨开了一个店。他店里需要人，我父亲就到日本来帮忙。后来抗日战争的时候，他叔叔回广东了，我父亲就接了他叔叔的店，一直开到现在，现在是我弟弟接下了。所以在日本那一带的地图上，很早就有我家在横滨的那个店，"华香亭"。

马 这是一个酒店吗？

吴 餐馆、面店。已经有大概80多年了。

马 您是在日本出生的？然后就在华侨子弟学校上学吗？

吴 是在横滨中华学校。我外公是在大阪领事馆做厨师的，后来他们回去了，我妈妈也是广东中山的，我就是第三代了。我在中华学校从小学一直读到中学。

马 中学毕业？

吴 初中。中华学校没有高中，高中要上日本的学校。

马 您外公那时候是在领事馆做厨师的。上次好像听您讲过，您外公娶了日本的

---

[1] 吴少煖：杜子威夫人，苏州大学外国语学院副教授，原日语教研室主任。
[2] 1868年至1912年间。

太太?

吴 对,外婆是日本人。但是那时候日本的政策是,嫁给哪国,就要加入哪国的国籍。她后来就相当于完全是中国人。外公和外婆以后回广东中山,就把我妈妈寄养在外婆的哥哥家,但是我妈妈一直关心中国,她一定要跟中国人结婚,后来就跟我爸爸到了横滨。

马 那您妈妈会讲中文吗?

吴 她会讲广东话。

马 我看您普通话很标准,没有广东腔,您是因为在中华学校上学的原因吗?

吴 当时在中华学校有个老师,是从东北回来的日本遗孤,他姓滨田,不会讲日语,找不到工作,就到我们学校来当老师。他回日本之前是在沈阳大学做中文老师的,普通话很标准,所以他来了以后给我们纠正了很多发音。以前我们中华学校的老师都是清朝末年留学到日本来的,每个老师都有口音。滨田老师来了以后,真正给我们纠正了一下。

马 滨田老师到你们学校当老师大概是哪一年?

吴 我是1967年毕业了以后到华侨学校的,他可能是1968年左右,比我晚一年。

马 那时候您已经当老师了?

吴 当老师了。

马 您小学、初中都是在那里读的,后来又回那里当老师?

吴 中华学校毕业以后,我上了日本的高中,又考上横滨国立大学。后来在中华学校当了三年老师,跟老杜结了婚,就回来了。

杜子威和吴少媛在苏州

马　您在横滨国立大学学的是什么专业？

吴　教育系的音乐专业。

马　您是怎么跟杜院长认识的？

吴　我的中华学校的同学嫁给了从上海到东京的金先生，原先我们都在横滨，她嫁到东京以后，有时候我到东京他们家里去玩，他们给我介绍的。

马　大概是哪一年认识的呢？

吴　1969年年初吧，结婚是1970年了。

马　那次去事先知道要给您介绍对象吗？

吴　他说：我有一个好朋友，也是从中国过来的。因为那个金先生的父母亲也是老早在东京，他自己是在国内读了高中，毕业以后到日本来的。我跟这个中华学校的同学很要好的，我经常到他们家里去。可能老杜的姐姐也托金先生的妈妈介绍过，金先生大概心里有数了，然后就说，我们一起吃饭吧，我的朋友也来。就这么认识了。

马　您选择对象是尽量选择中国人呢？还是一定要选择中国人？

吴　老华侨是一定要找中国人的。像我爸爸他们广东人这种想法更厉害，一定要找中国人。因为当时日本的政策是，找了日本人就是日本籍了。像我外婆他们结婚的时候日本人口多了，所以跟外国人结了婚就要入外国籍。我们那一代呢，日本战败后人口少，想尽量增加人口么，倒过来了，这个政策是这样变化的。

马　那您还记得第一次见杜院长是什么样子吗？

吴　他们都是江南人，老杜是苏州人，金先生大概是宁波人，我的同学是上海人，都跟广东人不一样。我也无所谓，没想那么多，就是普通的吃饭。后来我的同学经常给我联系，主要是我同学很卖力，我是工作忙，没想到这些事情。我爸爸知道了这件事情以后，就请他到我家里来吃饭。

马　等于说是您爸爸相中了这个女婿？

吴　对。我的弟兄都比较满意。因为我们那个时候工作也忙，当年的话这个年龄已经差不多了。

马　就是您在中华学校当老师的时候？

吴　对。那个时候刚开始"文革"，要上音乐课是很难的。他们说，吴老师，教这种歌不好的，要唱"语录歌"。

马　日本也受影响啊？

吴　也受影响的。这些华侨学生、我们年轻的老师，上音乐课都一致要求唱"语录歌"。我说，你们总归要上高中的，日本的一套课程不学的话是考不上的。他们不听。不肯唱教科书上的歌。

马 当时中华学校大概有多少学生？

吴 每一个班大概有20个到30个学生。

马 语录歌是那些青年老师要求唱还是学生要求唱？

吴 不是。青年老师是班主任嘛，学生要听班主任的话，但是班主任没讲音乐课不用学。当时小孩不懂，他们说，吴老师，你教我们的歌是不好的，我们要唱"语录歌"。

马 那您后来教过他们吗？

吴 "语录歌"我是不教的，他们天天听，自己听听会唱了。

马 那您当时教他们唱的其实是按照日本学校教育要求的？

吴 还有国内老的音乐课的课本。国内主要的老歌曲都要学的。"语录歌"呢，他们反正自己学。

马 您1969年年初认识杜院长，1970年结婚，这中间你们都是各忙各的吗？通过什么方式来交往呢？

吴 好像很难得一个月见几次，中途就通电话啦，有时候他到我们家来。结了婚以后，他就被安排到乡下了，我只好辞掉中华学校的工作跟着去了。

马 您印象中杜院长浪漫吗？每次给您带花吗？带礼物吗？

吴 没有这样的。主要是金先生的妈妈，还有我同学的妈妈，他们有中国做媒的一套。当时我爸爸和他爸爸思想也是比较开明的。金先生的妈妈说：你一定要男方家出一些钱才能过去的。我爸爸说：我不是把女儿卖给人家的，我不要。老杜的爸爸也说：我们不是买的，我不办。所以我们结婚没有按照老的传统。

马 那最后婚礼是按照中式还是日式的？

吴 婚礼就在老杜爸爸的店里，华侨总会的会长做媒人。

马 你们回国会检查您的资料吗？

吴 我的唱片都被没收了。

马 为什么要没收？

吴 都是外国的曲子。当时"文革"还没有完全结束嘛，乐谱、唱片都被没收了。后来他们说，我的唱片在上海音乐学院。贝多芬的全套唱片，当时在日本也是很难弄到的。

马 后来您自己没要回来？

吴 没有。

马 您当时还被没收了什么吗?

吴 记不得了,只有那个是记得的。其他的倒没有被没收,老杜的好几十箱书都带回来了,因为是医学的书。他几十个箱子,我只有一个箱子,结果这一个箱子还没通过。

马 那您后来到杜院长当时工作的乡下,是结了婚之后就去的还是有了孩子以后才过去的?

吴 结了婚就去了。

马 然后儿子是在那个地方出生的?

吴 对,在那儿生的。

马 等于那段时间您就是全职太太了?

吴 对,没工作。但是去那边很快就有孩子了,年纪大的邻居老奶奶都帮我忙的。

马 当时您妈妈或杜院长的妈妈没来帮着带小孩?

吴 她们都开着店,我爸爸的店客人很多,老杜的爸爸也是。我家主要是靠我妈妈,我爸爸烧菜,妈妈做会计,所以不在不行,我爸爸妈妈是一天到晚在店里。

马 您跟杜院长认识交往之后,那个时候好像是杜院长就在谋划回国的事情,当时申请了三次,您知道这个事情吗?

吴 结婚的时候他没讲要回国。

马 结婚之前你们交往的时候他没有告诉您?

吴 他没有告诉我。结了婚以后,他就告诉我申请了好几次,没通过。后来华侨总会的会长有事回北京,就偷偷找人帮忙,说,杜志良的儿子想回国。我们广东的老华侨,在日本上了大学,一定要回国,要把祖国的建设搞搞好。所以,老华侨心目中把子女送回去好像是很光荣的事情。

马 所以像您哥哥其实也就回国了是吧?

吴 我哥哥他们中华学校第五届的同学留在日本的很少。除非实在是父亲开了大店,忙不过来了,才叫儿子留下来,其他基本上都回国了。因为老师自己也回国了,比如班主任。

马 这个风气是新中国成立后,就是1949年之后兴起的?

吴 对,要建设新中国了。

马 那他们回来之后,据您了解,这些回来的人在"文革"中有没有受到冲击?

吴　有的。我的老师他们都受到过冲击。

马　您讲的是滨田老师吗？

吴　不是。滨田是倒过来的，从中国回到日本。我的老师是龚老师，他是在日本东北大学搞航空的，研制炸弹的物理学家，他回到兰州。

马　您讲的龚老师是您什么时候的老师？

吴　我上小学六年级的时候，他就回国了。刚开始有船来往了，他就搭第一批船回国了。还有张善源老师，是在我初中二年级的时候回了天津，回国五六年以后去世了，怎么死的我也不知道。还有教英语的老师，回到北京，在北京师范大学教书还是做什么，也差不多在"文革"前后就去世了。

马　其实那个时候您也支持回来的？还是杜院长坚持说回国的？

吴　我爸爸是坚持一定要在日本读完大学以后再回国的。结婚之后老杜说回去吧。当时我哥哥已经在北京了。当时我们中国的医疗还不是很好，他想早点回去做点事情嘛。外科医生，40岁至50岁是最好的时候，过了这个时间回去就没用了。所以，支持他回来。

马　然后1972年就回来了？

吴　嗯。听了这个我父亲也支持，虽然我父亲五个子女里面只有我一个女孩子，但是我父亲也是支持的，说：你回去吧。

马　所以我觉得你们其实挺不容易的，因为杜院长的爸爸就一个儿子在日本，他爸爸也支持他回来。您家也只有一个女儿，您爸爸也同意您回来。

吴　我父亲、母亲都支持的。但是我的亲戚们都反对，因为他们经常回家乡，知道情况。他们说，现在回去，吃的也没有，穿的也没有，这个时候你回去干吗啊！再过一阵儿回去吧，现在不要回去。他们都反对。但是老杜说，再过几年我回去就没用了，现在能开刀，是最好的时候。我就支持他回国。

马　您刚回来之后也没工作，没上班？

吴　刚回来马上就到歌舞团去了，苏州市歌舞团，在那里弹伴奏。

马　您那个时候不是还挺着大肚子吗？

吴　5月份回来，9月份生了以后，满了三个月，我就去上班了，我不要在家里待了。日本一般是三个月以后就上班了，我上班了以后，人家说你怎么现在就来了。

马　那是1972年年底了，还是1973年？

吴　可能是1973年1月份。

马　小孩是找人带的还是谁带的?

吴　找了阿姨来帮我带的,很好的阿姨。有3个阿姨帮我们带过孩子。

马　那时候杜院长的苏州的妈妈没有过来帮你们?

吴　她年纪大了,她自己的儿子还在上学,也就是老杜最小的弟弟还在上学。她经常来看我们,我们也去看她。老杜嘴里不讲,但是心里还是想着他妈妈。日本的妈妈年纪大了,那边是有妹妹在的,父亲也在。这边的妈妈只有一个人,他还是不放心。因为我们回来的时候,老杜的弟弟也在乡下,不在苏州城里,所以不放心。

马　跟杜院长交流的时候,能够听得出来,他确实对这边的妈妈挺有感情的。

吴　对,从小是她带的。

马　1972年回来之后,杜院长当时是以脑外科副主任的身份开始工作,最开始主要做的工作就是临床?

吴　临床,主要是临床和实验室,他一定要临床和实验室连起来。没有搞科研的临床医生的水平不会高。所以,同时做临床和实验室。

马　昨天谈老师说,杜院长是一心扑在工作上的,白天要在门诊、做手术,一般都要下午五点半下班之后才到实验室去,一干就要干到八、九点钟才回去。

吴　小孩认不出自己的爸爸,不知道哪一个是自己的爸爸。

马　有没有稍微轻松一点的时间?有没有就是杜院长也不上班,您也不上班,一家人在一起休息休息?

吴　基本上没有。

马　那儿子后来上了幼儿园,杜院长接送过儿子去幼儿园吗?

吴　没有,没有。都是我跟阿姨接送。我也忙,经常出码头①,所以还是靠阿姨,阿姨很辛苦。

马　阿姨当时是住在你们家的吗?

吴　住在我们家。

马　像这样持续了多久?两个人都很忙,忙得连小孩都照顾不上?

吴　一直到他们上高中了,我们才无所谓了。1979年我又调到了苏州市外办。

马　1978年,中日签订了友好和平条约,需要日语方面的人才,是吧?

吴　我的专业是音乐,所以一直不高兴去做翻译。我哥哥说人家需要你的时候不

---

① 指去外地演出。

去，你有困难的时候就谁也不睬你了。那没办法，我就去了。在外办做了三年翻译，最后惠省长[①]说，让小吴去做老师，我就高兴了，到新苏师范学校[②]当了音乐老师。过了一年，省委统战部的部长从南京跑到我家里来，说省长不是叫我做音乐老师，是叫我做日语老师，要我到苏州大学开日语专业。这个时候我也不愿意去，我哥哥再次从北京打电话来要我去。

马 您哥哥是支持您到苏大当日语老师的？

吴 他还是说，人家这么要求你去，你不要考虑自己的事情。就这样到苏大去了。苏大的工作最苦，歌舞团、外办、新苏师范的工作还好，不需要准备的。教日语需要备很多课，备课很苦的。

马 您说杜院长爸爸身体不好之后，您是以庆应大学访问学者的身份去日本的，是吧？当时儿子和女儿是跟着去日本了还是留在苏州？

吴 儿子高中毕业了，老杜带他先到日本，我是等到女儿高中毕业了以后，再带她过去的。我去了以后，有课的时候还是要回来上课的。

马 1972年到1976年"文革"的时候，国内的那种政治环境，会影响到你们的工作吗？

吴 歌舞团好多了，就是每个星期都有政治学习。

马 那杜院长当时在医院里有没有受到什么影响？

吴 因为他会开刀，会救命的，所以还好，没受到什么影响。

马 虽然您和杜院长没有受到"文革"的直接冲击，但是我昨天采访谈琪云老师的时候，她就提到，当年她到医学院供应科去为杜院长的实验室拿瓶瓶罐罐的时候，有些人就说她"抱洋腿"这样的话了。所以像你们在"文革"的时候从日本回来，虽然没有加入日本籍，但是在政治上还是比较敏感的。可能是因为当年你们这批知识分子回来是周总理直接批示的，所以不会受什么特别大的直接冲击，但是在日常生活中，比如说自己的亲戚，会不会因为你们是从国外回来的，所以往来不多？

吴 是的。只有老杜的堂兄弟经常来往，他跟我们很亲切。还有他最小的弟弟经常来往，其他人基本上不大来往。我们自己也很注意这方面的。

马 这种现象"文革"之后会好一点吗？

吴 "文革"之后多数人已经老了，而且老杜工作很忙，所以也很少来往。老杜经

---

① 惠浴宇(1909-1989)：江苏省灌南县新安镇人。1928年7月入党。参加了淮海战役和渡江战役。新中国成立后历任苏州市委书记、江苏省省长等。
② 后并入苏州教育学院，再后来并入苏州职业大学。

一家四口在苏州家里

常不在家，他当省人大常委会副主任的时候，下面的医生都能开刀了，但是也有实在不行的时候，半夜里有解决不了的情况，还要叫老杜去给弄弄。

马　半夜里也会叫起来的？杜院长那么忙，家里的事情主要是您来管了？

吴　对。也还好，国外的学校是一定要家长出面做什么什么事情的，这里一律都不用。

马　杜院长有没有参加过孩子的家长会啊？

吴　日本小孩的家长会一般都是母亲去的，但是苏州这里都是父亲去的，我也不知道，结果只有我一个女的，其他都是父亲去开家长会。所以儿子和女儿说，为什么人家都是爸爸来的？为什么我们爸爸不来？老杜没有这个概念，因为日本都是男的工作，母亲在家里，所以，日本开家长会，父亲是不去的。

马　那么你们完全回日本定居是1988年还是1993年？

吴　老杜大概是1988年先回去了，我是九几年才回去的。

马　回去之后杜院长是怎么样的生活状态？

吴　他回去在庆应大学脑外科做了不少事情。他的恩师过世了以后，庆应大学实验室也没有好好搞起来，他就把徐庚达老师请到庆应大学，支持帮助他们建起了一个脑外科实验室。后来昭和大学也要弄一个脑外科实验室，老杜就派周幽心老师去帮他们搞起来。

马　这样的话，杜院长又把在苏医的这一套实验体系搬到日本去了？

吴　对，搞实验室的钱是不管的，只需要安排人过去，教他们怎么弄就行。

马　如果杜院长没有回日本，一直在苏州发展，那么他在中国的影响力肯定比今天要更大，你们有没有后悔过？

吴 如果继续下去的话,他也搞不了苏大的医疗方面的事情,也可能叫他到北京去做干部,他不愿意的。

马 对你们这代人来说,是不是自己的父亲——包括您的哥哥——他们的想法还是对你们影响比较大的?

吴 是大的。他们都是老华侨,都吃过很多苦。他们都说,现在中国建设得这么好,你能回去参加建设自己的祖国,多好,都有这个想法。

马 1994年,杜院长设置了一个"杜子威医学奖",这个奖是你们两个商量的吗?

吴 因为那个时候,老杜还没退休,人到日本去,这里一直有工资。他说,我在国内没有工作还拿工资,不好的。因为他的实验室都是做基础研究的,学生的待遇也不是很好,搞的人也少,所以想支持他们一点。虽然只有一点点钱,但是精神上大概可以支持一下,就这样开始的。

马 这个事情跟您商量了吗?

吴 好像讲了一下,我说蛮好。

马 所以现在每年发奖,您也一起来的?

吴 基本上是一起来的。我去年骨折了,不能来,所以是儿子和他爸爸一起来的。

马 也好多年了,这个奖。

吴 因为我的叔叔,他是广东同乡会的会长,他很早就在中山市给困难的中学生发助学金。老杜看到了,也受他的影响了。

马 您觉得杜院长这一辈子最大的事业是什么?是医生,还是搞实验?或是别的?

吴 他的事业就是临床和实验一定要连在一起,不能分开。

2019年5月,杜子威和吴少媛与获得奖学金学生合影(前排左起:吴雪梅,吴少媛,杜子威,石福熙,刘标)

包仕尧[1]：苏大不能忘记杜子威

马 包院长，您自称是杜院长的学生，又是附二院首任院长。您跟杜院长共事是从哪一年开始的？

包 我在神经内科，他回来是在神经外科。他回来，我本人以及其他医院的同事对他都很敬重。我们知道有个传说，听说他的爸爸对周总理表态要回来，周总理说：你就不要回来了，就在日本发挥作用吧。他的爸爸就表了个态，让自己儿子回来。回来的时候带了很多设备——你们今天上午去看的实验室——当时用他带回来的设备建的实验室，是我们全国第一流的实验室。里面好多东西，在国内实验室是没有的，我很清楚，因为我那时候作为神经科的负责人。筹建这个实验室，实际上跟我们神经内科关系也很大。所以国内神经科的同行在苏州市开第一次脑血管会议的时候，全部来参观。

马 那是哪一年？

包 应该是1981年。全国的脑血管病会议[2]在我们苏医召开，是由苏医牵头的。当时杜院长是主任委员，是筹备会议的负责人，中华医学会到这里来。北京协和医院、北京大学附属医院、北京医院的负责人都是我带着他们去参观，他们很羡慕这个实验室。

马 这个已经是1981年了，他带回来应该是1974年。

包 他们知道有这个实验室，来看到了，本来他们没有机会来。他们神经科的医生和脑外科医生不大接触的，是通过我带他们去的。

---

[1] 包仕尧：苏州大学附属第二医院原院长，教授，博士生导师。
[2] 应该看作是中国第一届全国脑血管疾病学术研讨会。

马　杜院长1972年回来的时候，我们苏医已经有神经外科了吗？当时的负责人是谁？

包　当时是鲍耀东，比杜院长年纪大，也是日本留学回来的。杜院长来了以后，很注重培养人。我们深刻体会到，他就是要培养人。我就不是通过政府之间联系……是他推荐出去，到日本留学的。

马　您当时去日本哪一所学校留学？

包　他都是通过同学关系来处理的，不是通过政府之间联系。他的同学在庆应大学、神户大学。我的老师是他的同班同学。当时我去的单位不是学校，是厚生省——相当于我们卫生部——新办的机构叫循环疾病中心，它是一个医院，一个研究所，同时做配套的，里面的医生和研究人员是轮流的，我既可以做医生，也可以去做实验。我觉得他们的模式是蛮好的，我去了就是学脑血管的。脑外科的发展，我们国家是比较落后的。为什么落后呢？因为没有设备，做不起来。我们那时候脑血管中风的，来附一院也蛮多的，但是我们都不收病房里去。为什么？死亡率很高。中风的病人救回来的机会少，所以都放在急诊室。当时为了救年纪轻的人，年纪大的我们就不敢管了。但是在日本呢，它有专门搞脑循环的，今天急诊，就让病人住进ICU，不管多少病人都收的，第二天交班的时候，就有两张片子，一张是脑血管片子，一张是CT片子，但是那个时候我们苏州市都没有的。

马　没有这些设备？

包　没有这些设备，国内还没有，所以就比较困难，日本就比较先进。我打个比方，你们去抽静脉血，现在不是有个真空的针头嘛，针头是真空的，进去以后，血是自己流出来的。

马　好像正规体检的时候才有。

包　那个时候他们就有了。

马　那他们总体来讲要比我们先进二三十年。

包　差不多。

马　您去了之后两年的感觉，一个是医疗设备方面，还有没有其他感觉？

包　还有一个是做实验的思路。我去的时候，基本上不会做研究的。回来之后，发表了很多实验文章，国内没有人发表的。所以我在国内神经内科的知名度一下就上去了，有很多人是不认识我的，但是知道我的名字。怎么名字知道呢？通过文章。后来有人看到我真人以后，说，哦，你就是包仕尧。在他们想象里，我应该是六七十岁的人，实际上，我那个时候只有四十几岁。

马　杜院长自己的学生和他的团队，也在人才的国际交流方面做了很多的工作。

包　对，是的。

马　这个对整个医院甚至这个学科来说还是非常重要的。

包　可能你们还不了解，杜院长的学术方面在国内的地位呢，我又要讲一些话了，忍不住为杜院长抱不平。像我们这些人都是他培养的。学术方面，他后来做到国务院学位评定委员会委员，全国一共六个，江苏省就他一个。全国有多少省？上海可能有一个，北京可能有两个，按道理苏州是轮不到的，但是杜院长在其中。他跟华山医院同时给这里争取到博士点的。我就认为，苏大不能忘记杜子威。

马　这个跟他后来回日本有关系吗？

包　虽然他人后来在日本了，但他的贡献是无法估量的！刚合并的时候，苏州大学方面对他不了解，但后来了解了。

马　他是2008年退休的。

包　退休以后，他每次回来基本上会和我们几个人见面的。他还要到实验室里去指导，工作一直还在做。

马　谢谢包院长。

周幽心[①]：人生楷模，高山仰止

朱庆华（以下简称"朱"）　周主任，咱们研究室外面挂的牌子的英文是Brain and Nerve Research Laboratory，里面的是Neurosurgery Laboratory，这两个名称有什么区别吗？

周　最早的时候用的是Neurosurgery Laboratory，杜院长1972年从日本回来以后，成立了脑神经研究室。我了解到的情况是，我们这么大的医院，正式成立一个科室是要报江苏省卫生厅审批的，要核准人事编制，并进行备案。那个时候的全称应该是苏州医学院附属第一医院脑神经研究室，以后发表的论文都是署名脑神经研究室。Neurosurgery是神经外科，Brain and Nerve是脑神经，发表英文论文的时候两个名称都会用，因为一个代表临床研究，一个代表基础研究，而杜院长一直强调临床和基础研究是一体的，是不能分开的。那么，因为现在临床和基础研究两个编制是不一样的，又是一体化的科室，所以现在Brain and Nerve Research Laboratory同时使用。

朱　我听说杜院长一直坚持用"脑神经研究室"这个名称，而不用"脑神经研究所"或"脑神经研究院"这样看起来机构更大的名称，您知道是为什么吗？

周　1972年杜院长建立脑神经研究室的时候，只有三个人：一个是奚为乎老师，一个是谈琪云老师，再加上我们杜院长，当时在一个只有两间房间的地方开始做基础研究。后来杜院长自己掏钱从日本购买了很多设备，地方就扩大了，就搬到我们医院十号楼里边。再到我们2009年搬到现在苏州大学附属第一医院南校区，已经有1000平方米了。我曾经也跟他讲了，我说，研究室换一个大一点的名称也是可

[①] 周幽心：苏州大学附属第一医院脑外科副主任，脑神经研究室副主任，教授，博士生导师。

以的,现在好像"主任没有所长名气大,所长没有院长大",听起来好听点,现在大家都喜欢用"研究所""研究院"这样的抬头。但是他感觉大家都是做工作啊,这个名称无所谓。他说好多国际上知名的研究机构都是用研究室,改个名称没有太大的意义。他说我们都用了四十多年了,就不要变了。包括我们最早发表的文章,研究室有几个得了WFNS世界神经外科联合会青年医师奖的博士,都是以研究室的名义。包括国内第一株的胶质瘤细胞株,能够给国际上承认,说明国际上已经认可我们研究室的工作了。他说研究就是研究。当然,如果一定要换,我想他可能也不会有异议,杜院长也是一个大度的人。

朱 我们检索了很多有杜院长署名的英文论文,杜院长的英文名字有些叫Ziwei Du、Zi-wei Du,有些叫Du ZW,有些又叫Du Z,都不太一样,您知道是为什么吗?

周 不同的国家、不同的杂志,英文名字格式是不一样的,这个不影响任何东西。所以一般检索查询的时候,只要输入姓氏拼音+单位英文名称,就不会错。

朱 脑神经研究室团队发表论文,杜院长还在一直挂名吗?

周 从2009年搬到这里后,这十来年,杜院长帮助我们开展了很多科研项目的申请,我们发表文章的实际上都是科研项目里的研究成员,所以我们的文章里面都会有杜院长的名字。这个是必须的,不是挂名。另一方面,我们很多东西都还是杜院长的研究思路,他经常带来一些想法,每次回国,他都要求我们汇报研究工作进展情况,并提出很多意见,甚至他常常把在日本期间查阅的科研资料做成PPT给我们讲授。我们发表文章的话,对写在文章下面的作者是有要求的:文章的立题思路、指导,我们是要把杜院长列在里边的,但可以不作为通讯作者。通讯作者是要对这篇文章的真实性、可靠性承担责任的人,我在这方面做的工作多一点。现在有些文章有假的或者是过分的东西,有些是把人家的研究成果变成自己的,这些都是不正常现象。杜院长是一直会来指导我们的,他每次回国,都会要我给他安排到研究室来,讲讲他对肿瘤的一些新想法,他对我们研究的开创、关心,始终都没有中断过,这么多年来一直如此。像这次五月一号前回国,他专门安排了时间,与我们研究室年轻的工作人员、研究生一起交流,这种对神经外科肿瘤研究的情怀始终没有停止过,对我来说一直也是受益匪浅,这个就是一种传承,所以我们发表文章还会有他的名字。而且用的细胞还是他建立的SHG-44细胞,他指导我们培养了一些新的胶质瘤细胞株,都是根据他教我们的一些经验做出来的。SHG-44已经用了35年了,细胞株一直用下去也会突变的,所以在我们2009年这

2013年12月31日，杜子威在新年来临前到脑神经研究室指导工作，祝贺大家新年快乐

个新的研究室建立以后，杜院长就跟我讲，细胞株我们要重新培养。现在我们已经有三株比较成熟的了，还有几个在慢慢培养，细胞株是我们基础研究的根本，没有这个研究的对象就很难了。在国内，有关脑肿瘤方面，他的贡献是不可磨灭的。我们这个研究室是他创建的，他是创始人，也是奠基人。所以我们是永远不会忘记的。从1972年到现在，即使他退休了，我们一些工作还是离不开杜院长平时的指导。他对研究室的感情也是永远割舍不去的，当年和现在他回来就是一种爱国的情怀，一种精神支撑，所以他始终不会忘记研究室，始终牵挂着我们的发展，这也是我们后辈的福分。

朱 咱们现在自己培养新的胶质瘤细胞，会比以前容易一些吗？

周 现在是容易一点。当年的条件很不容易，当时全国很多人都在做，都没做出来，杜院长是第一个做出来的。按照现在的技术来讲，培养一个细胞株不是特别难。当时的条件下要做很多摸索，第一个做出来是不容易的，复制一个东西相对来说要容易多了。当然有的时候也不是那么容易，也有成功概率的。

朱 那现在的细胞株还会去鉴定吗？

周 只要是我们按照原先的方式去做的，慢慢国内外都会承认了。当然，如果我们申请一个专利或者鉴定，也是可以的。但是只要人家用了，觉得你这个是很稳定的，大家就都会认可的。当然我们自己要先鉴定的，再给大家用。杜院长一直说，你做出来的东西要给人家用，让人家来认可你。杜院长一直是这样教育我们的，他说没有必要自吹自擂，人家相信你，你的东西才是实实在在的东西。

朱 国外的期刊、杂志或学界,是认可杜院长的名字呢?还是认可脑神经研究室这个名字?

周 国际上,一般SCI审稿是很严格的,一方面,主要看你这个研究室是不是一直在做这方面的工作。实际上杜院长1972年回来以后一直在做这方面的工作,即使中间有一段时间科研上做得稍微少一点,但整体来说我们是没停过,所以人家审稿也要看你是不是真的在做研究。因为现在有不少研究工作都是外包的,那就不是自己做的,所以杜院长一直讲的就是:你一定要自己做,要认认真真做,一点一点做,一步一步慢慢积累,不要急于求成,我们只要一直在做工作,人家是知道的。另一方面,从1972年以来,大家已经认可我们杜院长了,人家一查,知道这个老先生还在做这方面的工作,包括2011年,我们成立脑肿瘤创新团队,杜院长也是团队的成员之一。我是负责人,杜院长是指导者,而且2010年我们医院颁发给杜院长的是苏州大学第一附属医院神经外科名誉主任和脑神经研究室的名誉主任的头衔,一般来讲,科室里的名誉主任都要在科研论文上体现的,尤其像他这样每次回来都关心研究室的工作,包括我的研究生有的时候还到他家里去请教一些基础性的问题,他都很认真地回答指点。所以我作为负责人,发表文章的时候肯定是要把杜院长放上去的。因此,一方面是研究室的影响力,一方面是杜院长的影响力。我们研究的项目里都有杜院长的名字,那研究成果也应该放上去。当然,不放也没关系,杜院长说过,我来得少了,就不放我的名字了吧。现在我们报项目就没再把杜院长的名字放上去。

朱 我们在访谈石福熙老师的时候,他说改革开放以后,研究室商业化了,对此,杜院长很不满意。他说派您去日本进修之后,由您来负责研究室,后来就放心了,研究室也重新出成绩了,那么,在此之前,究竟发生了什么?

周 从20世纪90年代开始,我们整个国家都在进行改革开放,我们医院条件很差,大家都想发展临床这一块,那时候经费有限,钱和精力都砸到临床了。在研究室这方面投入不多,就放宽了一点,主要是研究生的导师带着学生在做。现在回过头来看,如果说一直没放弃的话,现在的后劲会更大。我们脑外科能到现在这个地步,研究室的功劳是不可磨灭的,要不然我们脑外科现在在全国的这种地位是达不到的。

朱 也就是说研究室促进了咱们医院里临床的发展。

周 临床也好,包括附一院神经外科在国内的知名度和国际上的声誉,都有影响的。中间这一段时间，没办法，因为大家要创收，国家给的经费少了。但是后来大家慢慢认识到，没有研究室是不行的，所以我印象最深刻的是，中间有一段时间，杜院长去了几次，看到研究室越来越破了，各方面条件得不到改善，医院里大家的心思也不在做基础研究上。本来我们研究室以前条件非常好，人员也非常多，那段时间，有的人出国，人员方面也出了点问题，有的时候他有点不高兴，就不去了。但是后来，到2008年的时候，说是要把南校区给我们神经外科，改善一下条件，可能考虑到杜院长自己家产都拿出来这么多给研究室，医院也要考虑改善我们研究室的条件。还有就是我们科室确实也比较大，比较重要，所以让我们搬到现在这个地方。杜院长当时也很重视，把周岱主任、张思明主任、王中主任和我，还有黄强主任，叫到他家里，他说，医院里也很重视研究室，既然给我们1000平方米，那我们就好好规划，改建一下，对以后肯定是有帮助的。现在科室这么大，又有这么多研究生，如果研究生跑到外面去做，就不全是自己的东西。希望大家同心共力，把这件事做好。为什么也叫上黄强教授呢？因为黄强教授1990年到附二院以后，做了研究室，有经验，请他帮帮忙，因为那个时候一些东西都没了，需要添置什么仪器就请教他。当时杜院长是专门从日本回来的，图纸也拿到了。正好科室换届，王中和我就被安排做这个工作。杜院长在会上提出，这件事就由周幽心负责。我那个时候刚刚从医务处处长位置转到临床来了。杜院长说，周幽心正好在日本也学过肿瘤方面的研究，另外在行政上也有一点经验，所以请周幽心关心这个事情，也请几位主任一起帮忙。他甚至还跟我讲：小周，你有啥子事情，给我打电话，我马上就来。所以当时宏观的图纸、规划、设计，具体的哪边放细胞室、哪边放动物比较合理，都是他规划的，规划好后我再画图纸，我就负责跑这个事情。在这个过程中，像细胞室、动物房，我也没经验，所以也请黄强主任来帮忙，花了一年不到的时间。研究室重建好以后杜院长很开心，6月13号要搬家了，他专门从日本打电话过来跟我联系，因为很多当年他从日本带回来的设备都还在，他说有些能用的，尽量节约，不能用的，就给我扔掉。我心里想，杜院长的东西不能扔掉，留作纪念吧，所以大部分都搬过来了。搬好了以后，他非常开心，特别交代，一定要向大家问好，大家辛苦了。后来他回国的时候，专门请大家吃了个饭，开了个会，他说大家要认认真真工作，有些缺的设备，包括他带回来的五万转的离心机，当年是非常宝贝的，修好了还可以用。因为我担心这个比较老的东西影响使用，结果他专门请了个老师傅——当年给他安装的——把那个老师傅找到了，那个老师傅是上海的，杜院长专门跟他联系，请他过来了两次，把离心机都修好了。所以这个离心机现在还是好的，放在研究室里。包括病理切片机，杜院长觉得现在肿瘤病例非常重要，自己亲自去找院长、找书记，他说你们要帮帮忙，我们研究所少一个病理切片机，但是价钱比较贵，要60万至80万。他说，我一定要去弄，要不然工作就不好做。他自己每次回来都去跑，大概跑了两三次，后来王书记终于同意了，他说：杜院长，我一定想办法帮你解决，我一定提交到医院院领导层面讨论。后来就解决了。所以我们现在有一个莱卡的病理切片机，他看了之后非常满意，这样研究室的设备就都齐了。

朱 我知道杜院长一直比较善于搞研究规划，那搬迁之后他做了哪些规划？

周 搬迁之后他就跟我讲，在前面做的基础上继续做，其他的都从零开始做，从细胞培养、动物模型做起。动物模型原来是做皮下的，现在做原位移植的，做各方面的病理切片、大切片，这些都是他的思路。然后发现有些书找不到了，他又从日本买了一大箱子书拿到研究室，那时候书和资料没有国外多，书很贵的，他都买回来后全部赠送给我们研究室。

朱 杜院长曾说脑肿瘤是肿瘤之王，咱们新研究室团队都有哪些成绩呢？

周 我们研究室主要就是两块工作：肿瘤和血管，一直是这个特色。现在的团队呢，我主要是行政上管理，自己的研究方向主要是肿瘤方面的。血管方面主要是王中主任和陈罡主任两个人带团队做。从2009年开始做了很多基础性的工作，我们都是踏踏实实自己做的，不是请人做的。我们也发表了四十多篇SCI论文，还有十几篇中华级的论文，我们都是不断在做。杜院长也强调要一点一点做，慢慢积累，不要急于求成。你是急不出来的，他一直讲。我做了这么多年，也就默默无闻地做吧。也许就会有一些成绩出来，或者一些好的结果出来。整体来讲，现在脑肿瘤的疗效都提高了，无论是临床手术、技术条件都好了，各种治疗方法也多了，慢慢也会提高的。再在基础方面做一些工作，会取得更好的效果，不可能一下子就解决。能一下子解决脑胶质瘤，那是不得了的事情。

朱 我觉得有意思的是，当年杜院长带周岱教授和黄强教授，让他们两个搭档，一个主攻脑血管，一个主攻脑肿瘤。现在您与王中主任搭档，也是一个主攻脑血管，一个主攻脑肿瘤，这是特别安排的吗？

周 这个模式是杜院长老早就在我们科室里发展时规划的，就像现在大家都吹捧"亚专科"概念，其实杜院长那时候老早就实行了。每个骨干都有一个专业的方向，就是现在讲的亚专科，以前只是没有这个说法，现在的人会包装概念而已。那个时候杜院长就安排好了,周岱教授主攻脑血管病,临床手术治疗为主,同时做一些脑血管的基础研究,那时候动脉瘤基本都是周岱主任开刀。当然大家都有合作,比如跟黄强主任、朱凤清主任。黄强主任主要是搞胶质瘤方向的基础研究和手术治疗,周岱主任也会和他一起合作去开刀。所以是有分工,又有合作。惠国桢教授是专门搞垂体肿瘤的,所以我们在国内开展垂体瘤手术也是很早。那时候有一次统计,我们垂体瘤的研究在全国都排到前三了。周岱主任带的王中,很自然就做脑血管的。我是跟着鲍耀东和惠国桢主任,惠主任带得多,所以就往肿瘤方向发展了。后来又到日本去,在杜院长那里学习了一年的时间。

朱 所以这种传承还是很厉害的。您是1981年至1986年上本科,那个时候他当医学院院长,老教授都给你们上课吗?您算是杜院长的学生吗?

周 那个时候都是老教授上课的。鲍耀东主任、杜院长、周岱主任都给我们上过课。汪康平教授、蒋文平教授,那都是教授级的老师给我们上课。如果从师承关系上来讲,他应该是我师爷辈的。但因为我们是在一个科室里面,有的时候老师是有点交叉的。我读医学院的时候,杜院长是我们院长。从年龄讲起来,他和鲍耀东主任是第一代的人,第二代的讲起来应该是周岱主任和黄强主任,下面还有很多人,第三代可能就是我们这一批了,现在的王中主任,包括我,还有张思明主任也是第二、第三代之间的吧,也是我们原来的科室主任。惠国桢主任一直很谦虚,他说自己是杜院长的学生,但是他们两个人的年龄相仿。我的情况是这样:1989年我读硕士的时候,鲍耀东主任是我的第一导师,惠主任是我的第二导师。鲍主任比杜院长年龄大一点,93岁高龄仙逝的。他是最早即1959年创立我们医院脑外科的,1972年杜院长回国,让我们脑外科更加壮大兴旺。当时临床上主要是惠主任带我的,从1989年到1992年。1992年后鲍耀东教授带我博士,临床上有好几位主任带我:惠国桢教授、周岱教授、朱凤清教授等人。1995年我博士毕业以后,当时鲍耀东教授、周岱教授和杜院长商量科室工作,在提到对年轻医生如何培养的话题时说,小周博士毕业了,最好到国外去学习一段时间。因为那个时候博士很少,一个班只有十个人。杜院长说蛮好,他马上就联系了。1996年就定下来了。我1997年3月份公派去了日本。

朱 为什么那个时候都选择去日本呢?

周 还是因为杜院长的关系。20世纪70年代末至80年代初,我们国家相对是比较封闭的,杜院长当院长以后,非常重视人才培养。我们这里当时出国的少,外面的

2017年11月1日，周幽心和夫人（后排）参加ASNO会议，在东京银座与杜子威和吴少媛（前排）合影留念

世界不大清楚。所以他感觉到必须让大家到外面去学学。你看我们科里，他先后派去了黄强、周岱、朱凤清和何乃吉主任，还有脑研室的徐庚达主任。他不单是派自己科室里的人出去，还关心其他科室，像普外科的钱海鑫副院长、高敏主任、吕光成主任，影像科的傅引弟主任，现在的蒋星红副校长、郭试瑜主任……但凡是去日本的，基本上都是通过他联系。包括后来他回到日本以后，孙林泉、杨伟廉、兰青和我，我们科室里的崔岗，还有王中主任、朱巍巍、包仕尧院长等，都是杜院长联系到日本去的。通过交流，我们与日本的好几个大学的医学院和医院，慢慢熟悉了，建立了友好的学习和交流平台，大大提高了我们的医学知识和医疗技术水平。当时到美国去很困难，杜院长在日本医学界有很好的关系，所以到日本去的比较多一点，为我们培养了很多人才。那个时候很闭塞，我们20世纪90年代经济还很落后，人家已经很发达了，上网查资料非常快，但我们还要到图书馆里去找书呢！出去之后的学习对我们临床的发展和基础的研究起了很大的作用。还包括学科建设，我们神经外科很早就是亚专科模式，都是跟国外接轨的。

朱 您去的时候他在日本？

周 20世纪90年代杜院长的爸爸好像身体不好，正好他60岁行政方面的职务就退了，尽管他还是名誉院长，他本人还是回日本去了，有些家里的事情需要他去处理，具体情况我也不清楚。那时他大部分时间在日本，但是每年都要回来几次。他联系好日本的学校以后我就过去，过去以后他把我安排在昭和大学神经外科。昭和大学是私立大学，主要是搞临床的工作多，当时松本清教授想做些基础性的研究，所以请杜院长在那里建设了一个脑神经研究室，专门进行脑肿瘤方面的研究。还有个池田先生，他是讲师，还有几个研究生在那里做基础研究，杜院长就叫我去那里工作。起先我在国内硕士和博士阶段做的都是外伤方面的，也做一些细胞培养、移植方面的工作，杜院长感觉我有这些方面的研究生经历，就让我到那边做一点。他说为以后回去做一些研究打点基础。我去的时候，周岱主任的意思是让我尽量在临床上多工作，如果有时间，再做一些基础研究。因为我们脑外科一直以来的传统就是临床必须跟基础相结合，这是鲍耀东教授和杜院长一直坚持的理念。所以杜院长对我说，你临床上结束了没有什么事的话就到研究室里做一些基础研究工作。杜院长帮他们申请了一个肿瘤基础研究的科研项目，项目经费500万日元，他说，你做科研的话，一年，这点经费也够了。所以我在那里专门做肿瘤细胞的培养、肿瘤细胞的克隆、肿瘤细胞的免疫组化，还有一些干细胞的培养，这一年学到了很多。杜院长很严格，像我这样一个临床为主的年轻人，刚开始做觉得压力也很大的，有的时候他也批评我，有的时候做得不好，他说你重新做一次，过两天他再来看看，一个礼拜要来两次左右，根据情况需要。

朱 您到那里去是修博士后吗？

周 这个是两层意思，首先，相当于占用一个昭和大学的博士后培养名额，这样才可以给你奖学金，其次是毕业的时候还有个博士后的毕业证书。所以那个时候，杜院长又是我的老师。那个时候做了一些研究工作，出去开会、发表文章，我起先都很担心，但是他说我做的工作要去发表，要去讲。有的时候还要用日语交流，我感到压力也蛮大的。因为那个时候日语学得不怎么好。1997年出去以后，待遇收入也不高，杜院长还掏钱给我买票，他说：你刚来，不方便。我一直都是很惭愧的。

朱 那500万日元是从哪里申请到的？

周 科研经费，是杜院长帮昭和大学申请到的，专门用来做研究的。我在日本的时候出去参加过八次学术会议，都是用这笔经费。不然我一个在日本的留学生，哪有那么多机会和经费去参加学术会议？

朱　那您参加学术会议的时候，杜院长去吗？

周　杜院长很少去，他毕竟在东京，一般是和我一起做实验的科室里的人去。

朱　能否详细谈谈研究室与北京周永茂院士合作BNCT（中子治疗，即硼中子俘获治疗，Boron Neutron Capture Therapy，简称BNCT）的缘起、经过和现在的进展情况？

周　2009年新的研究室正常开展工作以后，因为杜院长原来是在医学院，他感觉治疗肿瘤，手术是一方面，化疗是一方面，放疗也是一方面，正好，BNCT应该也是比较有治疗前景的一个方法，但又受到很多限制。北京401医院的周永茂院士做了一个医院里的小型中子反应堆，类似利用原子能、核反应堆的中子做治疗。周院士邀请杜院长去参观，杜院长在日本查了很多资料以后，2010年5月13日就和吴少燧老师专门从日本飞到北京，叫我们一起去参观学习，跟周院士他们一起做了一个合作意向，用中子反应堆治疗人脑胶质瘤。后来我们拿了一个科技部的国家"十二五"支撑计划项目，给了我们80万科研经费，主要是希望用于人脑胶质瘤的治疗。

朱　BNCT这个项目从2010年开始，现在一直在合作吗？

周　我们从2011年和北京凯佰特科技有限公司、周永茂院士合作，做了好多基础性的研究工作，也取得了一些成绩。问题是需要解决的，BNCT治疗人脑胶质瘤有很多基础性的研究工作要做。BNCT的原理是，一个硼中子要到肿瘤里面，通过中子照射以后才能达到杀死肿瘤的作用，讲起来应该是靶向性很好，但是怎样让硼中子到达肿瘤细胞，而且达到有效的浓度，这是要研究的东西。在这方面，我们也做了不少研究的工作，也得到了国际上专门做硼中子治疗脑肿瘤的一个大师级人物美国Bath教授的认可。我们在这个基础上，还申报了一个国家自然基金，也拿到了。我们有一个博士在专门做这个工作，他出国后，依然在继续这方面的研究工作。我们国内BNCT治疗脑胶质瘤还没正式做，还有一些技术性的瓶颈问题，但是BNCT治疗黑色素瘤的已经做了三例，前年在北京开了个会，病人也去了，疗效是很明显的。

朱　我们是做构想还是实施？

周　都是我们这里构想的，他只是有个机器，就像他有个武器，我们是要研究用这个武器打什么东西。硼中子照射过去后，要分裂一个α粒子才能杀死肿瘤。怎样才能让硼中子到那个位置、用多少量、什么时间点最好，这是我们要研究的东西。真正做,是要临床医生去的,不然要出现脑损伤的,所以这个工作也是一直在很慎重地推进。

朱 杜院长在这个项目的后续方面做了哪些工作?

周 他一直很关心研究成果。当时我们做的一些研究,都是杜院长从中做的一些协调工作。我们才拿到科技部的一个研究项目,《恶性肿瘤诊治新技术和新方法研究》子课题《硼中子俘获疗法技术研究——二元靶向放射治疗技术》【(项目编号:SQ2011SF12B02658)"十二五"国家科技支撑计划项目 2012.01-2015.12】。杜院长都给了很多支持,包括一些文献资料。

朱 您刚刚提到查资料,也提到杜院长现在每次回来,也还会做个PPT,跟年轻人交流前沿的研究。这个是什么原因?因为现在检索资料也很方便嘛!

周 他是自己要求讲的,亲自做PPT,主要是切入点不一样,他自己在日本对肿瘤感兴趣的话,他自己做好了PPT,他来讲的。这不仅是分享最新的信息,而且是方向上和思路上的分享。科研主要是个思路问题,有些东西一点就破,问题是你没想到,所以他的思路对年轻的研究生来说有很大帮助。他也会把日本获得诺贝尔奖的人的研究思路和方法拿过来和大家分享。

朱 我们谈过几次这个问题:国内的脑研室基本都有院士领衔,就咱们没有院士,

2018年9月,杜子威回国指导脑神经研究室研究生工作(前排左起:周幽心、杜子威、吴少燧)

您觉得咱们脑研室在国内的整体水平如何？

周 客观上来讲，20世纪90年代的时候，杜院长就具备了申报院士的能力和资历，那个时候还叫学部委员，不叫院士。而且人家看了他的材料，认为是完全可以的。但是当时，当然我听杜院长他自己讲，也听其他人讲，考虑到他父亲的因素，他就长住日本了，又到了行政退休年龄，所以他就不要了。后来他跟我讲，内心里感觉有点内疚的，如果1995年拿了个院士，也许我们神经外科会发展得更好，走得更前面一点。我说确实是这样的。当时他考虑的是既然已经退下来了，也就不要去拿这个名头了。至于要不要他当别的领导，他倒不是很热心。我们苏州的脑研室和其他地方比起来，尤其是有院士领衔的北京、上海，他们的平台就高了，所以发展前景更大，但我们也必须紧跟，也要争取更大发展。

朱 除了名头、经费之外，咱们的成果未必就比别人差吧？

周 那个肯定。包括现在，我们的积淀还是很深的。杜院长在国内工作的时候，我们肯定是排在前面的。如果单纯从脑研室的角度来讲，在国内，脑血管病和脑肿瘤放在一起的话，我们是可以跟人家竞争的。很多机构也请了PI，能做出一点成果。但是杜院长就坚持要自己来做，成果也是自己的。虽然我觉得请PI也是一种捷径，对研究生有好处。我们自己现在也会请从苏医毕业出去的客座教授，请他们来讲讲课。杜院长还是比较认同来指导、交流与合作的客座教授，他觉得应该独立自主、自力更生来做研究工作。

朱 您跟杜院长之间交流多不多？

周 2009年之后那几年交流得多一些，有的时候他会发个传真给我，有时也会打电话。他觉得发传真比较好，他可以写下来，有些事手写他觉得比较清楚。他可以思考以后，写下来，比较慎重，就发个传真。尤其是跟BNCT合作的时候。他写下来对我办一些事情比较方便，表示杜院长也知道这个事情，这样我向领导汇报也比较方便。有的事情时间比较急，他就打个电话。当然，还是他回来跟我当面讲的事情多一些。我也考虑他年龄比较大了，也不要太操心了。所以一般的事情我也不跟他多讲，主要是挑他感兴趣的方面谈谈，他也很开心，讲多了不愉快的事情他心里不开心的。我们希望他一直开心就好，毕竟年龄大了。

朱 您觉得他是一个什么样的人？

周 作为我们小辈是不太敢评价老一辈的。从去日本学习一直到现在，我接触杜院长比其他人会多一些，他回来叫我汇报工作也多一点，从他那里学到了很多。我个人的体会,第一,他是勇于创新和开拓的人,是德高望重的医学教育家,我国著名的神经外科专家。第二,他自己淡泊名利,胸襟博大,重礼循法,学识渊博,又有很高雅的情趣。我们杜院长还能唱歌,我记得很清楚,2009年研究室弄好以后,他请大家吃饭,吴老师弹钢琴,他唱歌,唱得特别好。第三,他也是一位很有传奇色彩的、矢志奉献我国医学事业的著名爱国华侨。这些是我个人的想法,可能我在表达方面还不够。他1972年回国,来医院里工作,他退休直至现在,所有的工资、奖励,他是一分钱都不用的,全部放到他自己设立的奖学金里面。20世纪90年代的时候,二十万块钱是什么概念?他全部拿出来设立奖学金。现在大家觉得不差钱了,一个学生两千块钱好像不稀奇,但是那个时候就不简单了,而且这个钱都是他的工资和奖金。还有当年他爸爸捐给我们医院这个研究室,都是全部送给我们医院的。我听王书记讲,杜院长捐的设备、书,折合人民币的话大概有两千多万,当然,我们没有去求证过。你看他在日本买了很多书,送给我们苏大文学院。我感觉到他又是老师又是爷爷辈的人物,是我一生膜拜的人。他自己又很节约,但是该花钱的地方,他一分都不少。有的时候他一直跟我讲,请人家帮忙的,你要请人家吃个饭,有个表示。我为什么说他重礼循法?就是他年年回来,都要祭拜他父母,他的仪式感很重。他父亲叫他回日本去,他觉得父命难违,就抛下了很多名利,回去了。哪怕是"文化大革命"的时候,乱糟糟的,他也一直是遵纪守法,在他身上看不到一点点浮躁、庸俗的东西,这个都是我们小辈要学习的地方。

附录

杜子威：矢志国医

(纪录片脚本)

【同期声·画面】

（杜家书房）吴少媛伴奏，杜子威歌唱（萧友梅：《问》）。

（画面：苏州小桥流水、小巷、杜家）

【解说词】

这位唱歌的老者，是我国著名神经肿瘤专家，医学教育家，中国现代神经外科学奠基人之一，原苏州医学院院长，爱国华侨杜子威先生。

【解说词】

1932年，杜子威出生在日本东京。卢沟桥事件爆发后，杜子威被父亲送回故乡苏州与祖父母和养母一起生活。战火连天，邮路不畅，航路不通，断了生活来源的一家人，拮据度日。

【杜子威同期声】

苏州妈妈是没有工作的，主要收入是家里做了豆芽菜卖了换钱。豆芽菜拿出去卖之前要掐根。这是我的拿手好戏。所以我的外科手术做得好，手指头比较灵敏，跟从小掐豆芽菜有关系，哈哈。

【解说词】

杜子威就读于教会学校苏州晏成中学时，每周需要去教堂多次，参加唱诗班的活动和替教堂打杂，换取免费上学的机会。

【解说词】

1950年，杜子威高中二年级时离开苏州前往日本东京，完成高中学业。

【杜子威同期声】

本来我想学文学。我爸爸讲，不行，你念了文学没有饭吃的，你学医。

【杜子威同期声】

太难考了。我考的是东京大学和庆应大学。东京大学是国立的,庆应大学是最好的私立大学。最后考进庆应大学的就我一个中国人,其他都是日本人。

【解说词】

1954年,杜子威如愿以偿考入庆应大学医学院。书山有路勤为径,学海无涯苦作舟。他犹如拼命三郎,学习拉丁文、希腊文、德语这些日本医学院必学的语言课程,强记成千上万的医学术语。

【杜子威同期声】

每一根骨头,上面稍微凸起一点,都有个名称的。要用拉丁文或者希腊文来讲的。不是英文。考试的时候随便拿出来,随便指着一个地方都要讲出来。所以都是口试。像我们的脑子(头部),有很多名称的。这个名称你记不住的话,不好诊断的,不好诊断就不好治疗,就查不出症状来。

【解说词】

日本的医学本科是"六加一"的学制,六年学习,获取毕业证书,需再实习一年,方有资格去考医师执照。1961年杜子威以优异的成绩完成本科学业,被派往庆应大学附属教学医院——馆林市邑乐厚生医院当外科住院医师,之后又到栃木县大田原赤十字病院当住院医生。1966年,杜子威进入庆应大学脑外科攻读医学博士学位,师从日本著名的脑外科专家工藤达之教授。

【杜子威同期声】

学医的话,都要有医学博士学位,因为如果是要开业的话,一定要挂牌子:医学博士某某,不是医学博士不能挂牌子的。

【解说词】

1969年,杜子威以研究血管瘤的论文《超低温法游离于头部的脑血管血流允许的界限》顺利获得医学博士学位,并留在日本从医,同时兼任庆应大学医学部外科讲师。

【吴少媛同期声】(身份字幕:吴少媛,杜子威夫人,苏州大学外国语学院副教授,原日语教研室主任)

在日本上了大学,一定要回国,要把祖国的建设搞好。所以,老华侨心目中把子女送回去是很光荣的事情。

【解说词】

1972年,杜子威提出回国。父亲杜志良是著名的爱国华侨,当时在日本东京市中心繁华地段六本木开着一家鼎鼎有名的餐馆"卢山饭店"。

【杜子威同期声】杜子威

他问我（回国）要什么，我说要个实验室。他说好，卖掉（饭店）吧。然后大家都吓了一跳。

【解说词】

父亲卖掉了饭店，根据杜子威提供的设备清单，陆续帮助采购了一大批实验仪器、设备和试剂。1972年5月29日，杜子威带着有孕在身的妻子和一岁多的儿子，漂洋过海，乘商船回到苏州。

【周岱同期声】（字幕：苏州大学附属第一医院原脑外科主任，教授，博士生导师）

回来以后蛮轰动的，各个地方都请他做报告。那时候，"文革"期间嘛，等于关在房子里一样，他回来以后，等于打开一扇窗，我一看，外面的景色这么好！

【解说词】

杜子威被安排到苏州医学院附属第一医院工作。当时的医院还在博习医院原址，旁边是圣约翰大教堂。不过，处于特殊的时代，教堂的琴声和歌声都销声匿迹了。

【杜子威同期声】

基本上来了就上班，一回来第三天就马上开刀啊。那时候脑外科没有的，在外科里面划一个小地方，给我五张床位。五张床等于五个病人啊，就是这样子开始的。

【解说词】

对于国内医学条件的落后，杜子威早有预料。他带回的整套脑外科手术器械、1200mA脑血管造影专用X光机、医用手术显微镜、双极电凝器、脑室腹腔引流管等在国内都是空白。单是一个小小的颅内动脉瘤夹，就解决了颅内动脉瘤及动静脉畸形的手术低存活率的难题。

【杜子威同期声】

卫生部长钱信忠组织编撰了我们国家第一部医学百科全书，这是神经科学卷。当时脑外科的主要专家都在这里了。（我是）最年轻的一个，当时四十多岁嘛。基本上我们国家缺的东西，我带回来的都在这里。叫我写的。

【解说词】

考虑到带回来的手术器械总有用完的一天，杜子威协助当地医疗器械厂研制小件精密器械。经过艰苦的探索,他们研制的颅内动脉瘤夹、NJS-5型脑室腹腔内引流装置和二醋酸纤维素薄膜分别于1978年获得全国科技大会、卫生部科技大会和江苏省科技进步奖。

【杜子威同期声】

　　颅内压一高,各式各样的病就出来了,小孩子的"大头病",现在看不到了吧?生了肿瘤以后,颅内压也可能高,高了头就痛,人就会呕吐。有了这个压力装置,脑脊液就流到肚子里,肚子反正大一点,问题不大,可以解决这个问题。

【周岱同期声】

　　(他)来了以后,对我们,对我们国家的神经外科,特别是脑血管病的外科具有开拓者的作用。

【解说词】

　　做临床的同时,杜子威开始筹建实验室。特殊时期人们对"海外关系"敬而远之。医学院给他配了两个助手:生化教研组的谈琪云,她的帽子是"反革命"夫人。生化检验员奚为乎,他的帽子是"右派"。

【杜子威同期声】

　　我是海外关系。"反革命",右派,海外关系,三个人的实验室,"文化大革命"时当笑话讲。

【解说词】

　　最初的实验室在医院内的一幢"西班牙"小楼的二层,由一个厕所改成。

【杜子威同期声】

　　做实验要瓶瓶罐罐,这些东西我没办法带过来。全部是她(谈琪云)帮我去找来的。

【解说词】

　　虽然要啥缺啥,但是在单位领导的支持下,杜子威带领两位伙伴对135例正常人的脑脊液进行研究,制定了首个中国人脑脊液蛋白电泳的标准值。

【杜子威同期声】

　　这是我们国家第一次自己搞了一个中国人的脑脊液的蛋白质的量的分析,蛋白质可以分开来的。论文就在这里,这是用英文写的。

【解说词】

　　随着杜子威购买的大型实验设备陆续运达国内,脑神经研究室初具规模。杜子威将新的研究目标瞄准了人脑胶质瘤基础研究。

【杜子威同期声】

　　脑外科搞肿瘤（研究），就是搞胶质瘤。

【解说词】

　　在脑外科领域，人脑胶质瘤即使到今天也是最难以攻克的肿瘤之一，患者存活时间很难超过一年。杜子威按照科学路径对人脑胶质瘤基础研究做了长期规划。

【杜子威同期声】

　　看书，看文章，人家怎么做的，一点没有把握，能做到做不到，根本没把握。

【解说词】

　　杜子威和他的团队想方设法按照美国NASA标准建设了无菌净化室，严格按照科学的方法培养人脑胶质瘤体外细胞。细胞经过培养，以每7-10天一代的速度进行分裂生长，要成为能够做实验的细胞，至少要分裂60代以上，一切顺利，也需要一年以上。

【谈琪云同期声】（谈琪云：原苏州医学院附属医院脑神经研究室研究员）

　　他天天早上，从上班一直到下班，都在病房，要病房（工作）结束，再到实验室。五点半以后，再到我们"西班牙"（实验室）。他骑个自行车，他停车都是使劲刹车的，一刹，我晓得，来了来了。

【解说词】

　　经过43次失败的考验，杜子威和他的团队终于把44号细胞培养到86代，这就是后来被鉴定通过的中国第一株人脑恶性胶质瘤体外细胞SHG-44。《中国百科年鉴》1983年版本评价道："苏州医学院附属第一医院脑神经研究室在杜子威教授的领导下，培养成功中国第一株人脑恶性胶质瘤体外细胞系，1982年11月通过鉴定，命名为SHG-7944，该细胞已在体外生长940多天。传至86代，生长情况良好，每7到10天传一代，每8天细胞数增加八九倍，而且把它接种到大鼠的脑内和裸小鼠的皮下，均获成功。"

【杜子威同期声】

　　H是human，人。G是Glioma，胶质瘤。Suzhou Human Glioma，就是苏州人脑胶质瘤。"79"（后来）拿掉了，代表1979年。第44代成功了，一直留下来。

【解说词】

40年过去了，44代的人脑胶质瘤直到今天依然是实验室的"酵母"，被精心养护，不断利用。杜子威及其团队基于此展开的研究也不断结出丰硕的成果。

【出字幕，配乐，配文章】

1985年建立中国第一株人脑胶质瘤裸小鼠异种移植模型NHG-1；

1988年研究出中国第一株抗胶质瘤杂交瘤单抗SZ39；

在国际上首次发现分子量分别为180kD和47kD的膜糖蛋白胶质瘤相关抗原；

率先在国内成功制备被誉为"生物导弹"的SZ39-ADR和1311-MAbSZ39；

成功建立人脑胶质瘤基因文库。

【解说词】

国际神经外科大会（WFNS）设立的"国际青年脑外科医师奖"——这个四年一度评选的奖项被视为脑外科界的"奥斯卡"。杜子威的博士生以及杜子威团队的青年学子们先后于1989年、1997年、2009年、2013年四次获此殊荣。这在国内是独一无二的！

【杜子威同期声】

我们能得奖……为什么其他地方不能得奖，就是我们一家，就是我们干这种事的，我们的（分工）很细，基础比较扎实，不吹牛，不是叫低调，我们叫实事求是。

【解说词】

1978年，国家恢复职称评审的第一年，杜子威就晋升为脑外科教授。1981年，国家恢复授予博士学位之后，杜子威成为第一批博士生导师，并任第二、第三届国务院学位委员会学科博士生导师评定组专家，为培养医学人才可谓呕心沥血。

【杜子威同期声】

他们是普外科的医生，转到我们这里来，我开始培养他们脑外科怎么做，他们没有经验的。

【解说词】

杜子威所说的"他们"是他刚到中国时，医院分配他指导的两位青年医生黄强和周岱。他为两人量体裁衣，因材施教。

【周岱同期声】

如果没有他来,我可能默默无闻,也不会搞这么多的临床和基础研究。

【黄强同期声】:(苏州大学附属第二医院神经外科原主任,教授,博士生导师)

他的影响不光是理念,像显微器械、设备,我们当时没有出过国的人,看都没看见过。

【杜子威同期声】

派人出去,要盖章我就盖章,要签字我就签字,让我负责,我就负好责。有些人,讲什么吃里扒外,崇洋媚外,什么都讲。

【解说词】

20世纪70年代末,顶着各种压力,杜子威不断派遣苏州医学院的青年医生去日本庆应大学、名古屋保健卫生大学等友好单位学习,杜子威的导师工藤达之等日本著名的学者也频频到访苏州医学院,开设讲座,指导研究。据不完全统计,迄今,苏州医学院分布在世界各地的医学精英多达500余名,其中包括杜子威培养的8名优秀博士研究生和20名硕士研究生。

【杜子威同期声】

这个工作本身有国际性的,做得好,对人类社会有好处。

【解说词】

1993年,杜子威从苏州医学院院长的岗位退下来,受聘为苏州医学院名誉院长。

同年,杜子威再度返回日本,定居东京。

【石福熙同期声】(苏州大学国际交流处教授,原苏州医学院外事办公室主任)

他一直是每年都要(回)来一两次,而且重大的事情他都要(回)来。因为苏州有他一直牵挂的三件事情。第一件就是脑神经研究室。

【王中同期声】(苏大附一院脑外科主任,脑神经研究室主任,教授,博士生导师)

每次他回来,都要到我们实验室,这是必到的地方。

【周幽心同期声】(苏大附一院脑外科副主任,脑神经研究室副主任,教授,博士生导师)

他每次回来都关心研究室的工作,还做PPT给大家上课。

【解说词】

第二件是颁发杜子威医学奖。1994年至今,杜子威在苏州大学设立了"杜子威医学奖学金",每年奖励6~8名品学兼优的从事基础医学研究和临床脑外科专业的研究生。

【石福熙同期声】

他一直想搞一个肿瘤医院，而且肿瘤医院也不要太大。以重点的一些肿瘤为主，再逐步扩大，科研跟临床相结合，一直想搞这个事情。

【解说词】

杜子威先后参与筹建了苏州医学院附属第二医院、苏州医学院附属儿童医院，也曾因为全国人大华侨委员会委员的身份、日本庆应大学校友的身份，参与了中日友好医院的创办。创建苏州肿瘤医院是他现在牵挂的第三件事情。

【杜子威同期声】

苏州市完全有能力可以搞世界一流的（肿瘤医院），肯定能搞得起来。我（们）有500个留学生在外面，他们在国外都是第一流的专家，他们回来一半就行，一部分回来也行。

【解说词】

杜子威依然在为肿瘤医院的创建奔忙，他收集了世界上优秀肿瘤医院的资料，统计出了苏州市的肿瘤病患数据，设计出了肿瘤医院的建设方案，期待着有关方面将他的方案付诸实施。

【杜子威同期声】

清唱《枫桥夜泊》。月落乌啼霜满天，江枫渔火对愁眠，姑苏城外寒山寺……

【解说词】

中学时，杜子威曾师从名师朱季海先生，吟诗作文，嗜书如命。到日本后也未改其趣，经常去东京著名的书店一条街——神田街淘书。

【杜子威同声期】

我经过这个书店经常去看看这个书，去看看这个中国的古书。

【解说词】

从2014年开始，每次回国时，杜子威都将自己淘来的珍贵和本古籍，无偿捐献给苏州大学炳麟图书馆，逐渐建起了"杜子威捐赠专架"。

【杜子威同期声】

这个买得起，这个我买的，现在都交给我们图书馆去了。

【解说词】

当年的博习医院如今改成了文化产业园，杜子威先后担任副院长、院长、名誉院长的苏州医学院于2000年并入苏州大学,当年的老同事、老部下也都陆续退休。但杜子威创建的脑神经外科实验室几度迁徙,依然不改其名,在他的弟子们的带领下,运作正常,它与杜子威医学奖、杜子威捐赠专架一起见证了这位爱国华侨的赤子不变之心,矢志不渝之愿!

伴随"夜半钟声到客船"的诗句念白,画面从朱进士巷一号的巷子中淡出。

杜子威年谱

1932年
　　出生于日本东京。
1939—1945年
　　苏州善耕小学求学。
1945—1948年
　　苏州晏成中学初中求学。
1948—1950年
　　苏州晏成中学高中求学（高中肄业）。
1950年
　　回到东京。
1951—1952年
　　东京都立葛饰野高等学校求学（高中毕业）。
1954—1961年
　　日本庆应义塾大学医学部本科求学。
1962年
　　通过日本医师国家考试，获医师免许证（1298号）。
1963—1966年
　　日本庆应义塾大学医学部外科教研室助教。
1964年
　　日本群马县馆林市厚生病院住院医生。

1965年
    日本栃木县大田原赤十字医院住院医生。
1966—1969年
    日本庆应义塾大学医学部攻读脑外科博士。
1969年
    获得日本庆应义塾大学医学部医学博士学位(414号)。
    日本栃木县足利市赤十字病院脑外科副部长。
1970年
    与吴少媛结婚。
1972年
    日本栃木县足利市赤十字病院脑外部长,庆应义塾大学医学部外科赴任讲师。
    回国,任苏州医学院附属第一医院脑外科副主任。
1974年
    创建苏州医学院附属第一医院脑神经研究室。
1976年
    研制出国产NJS-5A型脑室腹腔引流装置。
1978年
    颅内动脉瘤夹、NJS-5A型脑室腹腔引流装置和醋酸纤维素薄膜分别获得全国科技大会、卫生部科技大会和江苏省科技进步奖。
    当选为第五届全国人大代表。
    国家恢复职称评定后首批教授。
    主持测定中国人脑脊液蛋白质电泳的标准值。
1979年
    当选为江苏省侨联第一届委员会副主席。
    邀请导师工藤达之访问苏医,是苏州医学院"文革"后首次对外交流活动。
1980年
    苏州医学院附属第一医院脑外科主任医师,苏州医学院附属第一医院脑外科副主任,被核工业部任命为苏州医学院副院长。
1981年
    国务院授予的首批神经外科博士生导师之一。

1982年

发表论文《人脑恶性胶质瘤细胞体外长期传代培养成功的报告》。

"苏州人脑胶质瘤体外细胞系-44：SUZHOU HUMAN GLIOMA CEll LINE-44"通过江苏省科委鉴定，简称"SHG-44"（苏科鉴第8209号）。

参编《中国医学百科全书（神经外科学）》。

担任日本名古屋保健卫生大学医学部客员教授。

1983年

当选为第六届全国人大代表。

当选为江苏省政协第五届委员会副主席。

发表论文《人脑恶性胶质瘤细胞体外长期传代培养的研究》。

发表论文《第一枝人脑恶性胶质瘤细胞系》。

"人脑胶质瘤体外细胞系SHG-44的建立及其特征"研究成果获卫生部科技成果乙等奖（排名第一）。

1984年

当选为江苏省侨联第二届委员会副主席。

被核工业部任命为苏州医学院院长，任附属第一医院脑外科主任、脑神经研究室主任。

发表论文《人脑恶性胶质瘤体外细胞系SHG-44的建立及其特征》。

建立第一株人脑恶性体外细胞系。

1985年

受聘为国务院学位委员会第二届学科评议组（临床医学Ⅱ分组）成员。

建立中国第一株人脑胶质瘤裸小鼠异种移植模型。

"神经组织特异S-100蛋白的分离与提纯"研究成果获核工业科技成果三等奖（排名第一）。

1986年

母亲杜伊代去世。

"人脑胶质瘤细胞系裸小鼠实体瘤模型NHG-1的建立及其特征的研究"研究成果获核工业部科技成果二等奖（排名第一）。

1987年

NJS-7型多功能脑积水分流装置荣获中国核工业总公司部级科技进步奖三

等奖。

1988年

当选为政协江苏省第六届委员会委员。

当选为江苏省第七届人大常委会副主任，第七届全国人大代表，全国人大华侨委员会委员。

担任日本庆应义塾大学医学部脑外科研究员。

主导筹建的苏州医学院附二院竣工。

抗人脑胶质瘤单克隆抗体的研究荣获中国核工业总公司部级科技进步奖二等奖（排名第一）。

发表论文《抗人脑胶质瘤单克隆抗体的制备及其特征 癌症》。

发表论文"Localization of 131I-labelled Anti-glioma Monoelonal Antibody SZ39 in Human Brian Tumor Transplanted in Nude Mice"。

父亲杜志良去世。

1989年

微型双向电泳及其在医学领域的应用荣获中国核工业总公司部级科技进步奖三等奖。

指导的博士生朱剑虹荣获第九届世界神经外科大会"世界神经外科青年医师奖"。

辞去江苏省第七届人大常委会副主任职务。

1990年

单克隆抗体携带化疗药物Adriamyan导向治疗人脑胶质瘤的临床前研究荣获中国核工业总公司部级科技进步奖二等奖。

1991年

享受国务院首批特殊津贴。

获得国家级有特殊贡献的中青年专家称号。

发表论文《单克隆抗体携带阿霉素对人脑胶质瘤裸鼠皮下和脑内实体瘤模型导向治疗作用》。

1992年

受聘为国务院学位委员会第三届学科评议组（临床医学Ⅱ评议组）成员。

担任日本昭和大学客员教授。

专著《人脑胶质瘤的研究》由原子能出版社出版。

1993年

返日定居，受聘为苏州医学院名誉院长。

当选为政协江苏省第七届委员会委员。

1994年

设立杜子威医学奖学金。

1997年

指导的博士生李晓楠荣获第十一届世界神经外科大会"世界神经外科青年医师奖"。

与王尧合著的《神经生物化学与分子生物学》由人民卫生出版社出版。

发表英文论文"Growth-inhibitory and Differentiation-inducing Activity of Dimethylformamide in Cultured Human Maligant Glioma Cells"。

1998年

当选为政协江苏省第八届委员会委员。

研究出中国第一株抗胶质瘤杂交瘤单抗SZ39。

人脑胶质瘤TIL的实验及临床应用研究荣获中国核工业总公司部级科技进步奖三等奖。

2000年

受聘为苏州大学医学院名誉院长。

2003年

发表英文论文"A2B5 Lineages of Human Astrocytic Tumors and Their Recurrence"。

2006年

撰写回忆文章《北京中日友好病院の思い出（北京中日友好医院的回忆）》。

2007年

出席苏州大学医学教育发展研讨会暨海外医学校友大会。

2008年

受聘为苏州大学医学部名誉主任。

退休。

2009年

脑神经研究室团队的赵耀东博士荣获第十四届世界神经外科大会"世界神经外科青年医师奖"。

2012年

受聘为苏州大学附属第一医院神经外科名誉主任。

2013年

脑神经研究室团队的陈骅博士荣获第十五届世界神经外科大会"世界神经外科青年医师奖"。

2014年

从这一年开始向苏州大学文学院、炳麟图书馆捐赠中国古籍藏书，苏州大学文学院、唐文治书院设立"杜子威博士赠书阅览室"，苏州大学炳麟图书馆设立杜子威博士赠书专架。

2018

被授予苏州大学附属第一医院卓越医师奖。

荣获中华医学会神经外科分会终身成就奖。

参考文献（部分）

专著

史玉泉，王忠诚，薛庆澄，等.中国医学百科全书神经外科学[M].上海：上海科学技术出版社，1982.

杜子威.人脑胶质瘤的研究[M].北京：原子能出版社，1992.

期刊

杜子威，徐庚达，王尧，等.人脑恶性胶质瘤体外细胞系SHG-44的建立及其特征[J].中华肿瘤杂志，1984,6(4):241.

坂田新，吴少媛.章炳麟先生和章氏国学讲习会[J].杭州师范学院学报（社会科学版），1985(3):55-57.

JUN DONG, HUA CHEN, QING LAN, et al. Neurosurgical Development over 55 Years A Story from Soochow University[J]. World Neurosurgery, 2014, 81(3/4): 464-467.

其他资料

顾钢，苏允执，倪祥庭，等.苏州医学院院史(1912-2000)[A].苏出准印JSE-0003385（内部资料），2001.

杜子威教授（及其指导下完成的）论文集(1975-1989)第一、二册.苏州医学院脑神经研究室，1990.

后 记

2018年5月,我们接到了访谈原苏州医学院院长杜子威教授的任务。由于杜老现在长居日本,无法慢慢调整访谈节奏,为此,杜老和夫人吴少媛老师不辞辛劳,于6月7日专程从东京飞回苏州,接受了我们为期一周的集中访谈。

在访谈之前,我们尝试从互联网搜索关于杜老的信息,但是由于他为人异常低调,且很多事情都发生在"前互联网"时代,网上关于他的信息非常有限。在听取了原苏州医学院外办主任石福熙老师的总体介绍,并翻阅了他提供的各种文献资料和《苏州医学院院史》之后,我们知道,对于2000年合并到苏州大学以前的苏州医学院来说,对于现在的苏州大学医学部和苏州大学附属第一、二医院及儿童医院来说,乃至对于享誉国际神经外科学界的苏州大学附属第一医院脑神经研究室和近四十年多来的中国神经外科学来说,杜老都是一位承前启后的、不可或缺的"大人物",这让我们对这次访谈工作多了一份敬畏之心。

随后的一周,在杜老位于苏州南林苑朱进士巷一号的寓所里,我们有幸走进他的传奇人生。他的所思所想、所作所为,无不充满着为民、为国、为人类的大爱,让我们的灵魂深深受到了一次洗礼!

他谦逊低调,从不居功自傲。访谈的最初两天,杜老非常"保守"——他对个人勤学苦研的经历、家庭对于国家的贡献,描述得风轻云淡——以至于我们不得不对前两天的访谈话题一再重复,才逐渐"淘"出了事情的概貌。

他学养深厚,又诲人不倦。他最乐意回答的话题,是关于神经外科方面的研究工作,这时的他,滔滔不绝、眉飞色舞。对于我们这些菜鸟级文科生,他也可以深入浅出地让我们听得懂艰涩的医学术语、实验原理和治疗方法,兴之所至,信手就画出人脑结构图和各种手术器械图。

他处处替人着想，又葆有一位高级知识分子的警醒。他处理事情，时时刻刻都会考虑别人的感受，时时刻刻都要想着这件事会不会对国家造成负担和影响。无论是作为科室主任，还是医学院院长；无论是作为日中医学会的"穷酸"会员，还是"贵"为省人大常务委员会副主任，他处理事情所遵循的原则都是，每办一件事、每做一个决定，对国家有没有贡献？对医学专业的发展有没有帮助？与此同时，他又对各种不合理的规章、制度保持知识分子的独立思考和审慎判断，尽管他可以毫无怨言地接受组织和国家的任何安排与决定。

他热爱祖国，却不狭隘。他放弃在日本优渥的生活，在"文革"期间回到苏州，想着的是用自己精湛的医术报效祖国、报效家乡父老。而他也始终认为，医学事业的进步，是对全人类的贡献，所以他乐意与任何人分享自己的研究成果，也乐于见到自己的学生遍布世界各地，不断开枝散叶。

感谢杜老，让我们见识了老一辈知识分子潜精积思做学问而又淡泊名利的高贵品质，让我们见识了当代名医矢志不渝终生追求医学进步的拳拳之愿，让我们见识了海外华侨为了祖国强大而无私奉献的赤子之心。

感谢杜老的夫人吴少煖老师。每次去访谈，吴老师都忙上忙下，为我们泡上新上市的碧螺春，准备各种小点心。作为第三代旅日华侨，吴老师和她的家族同样有着丰富多彩的爱国故事，可惜限于本书的体例，我们无法对吴老师个人进行更深入的访谈。吴老师的钢琴弹得好，杜老的歌唱得好，夫妇俩琴瑟和谐近五十年，我们由衷祝愿二老健康长寿。

在书稿整理过程中，杜老先后利用2018年9月回国领取中华医学会神经外科学分会终身成就奖和2019年5月回苏州大学颁发"杜子威医学奖"的机会，特别就初稿提出了切中肯綮的修改意见和建议。

我们要特别感谢原苏州医学院外办主任石福熙老师。作为杜老当年在苏州医学院院长任上的"左膀右臂"之一，石老师热心细致，办事规范科学。我们能"未见杜老之面，先闻杜老之声"，就是从石老师开始的。无论是与杜老的对接，还是与学校、医院或研究室的联络，石老师都安排得井井有条、妥妥帖帖，他几乎为我们做好了访谈的一切准备工作，并提供了杜老丰富的资料，这是我们能够在短短的一周之内集中完成访谈工作的重要保证。尽管石老师也已七十多岁了，但他记忆力惊人，对苏州医学院的老师、毕业后留学海外的学生一个个如数家珍，简直是苏州医学院的"活字典"。石老师对苏州医学院和苏州大学医学部海外联络工作做出了不可磨灭的贡献。

感谢苏州大学发展办的赵阳主任,她非常细心地为我们协调接洽了需要访谈的学校各部门。感谢上海市第一人民医院神经外科的赵耀东博士,他来苏州探望杜老的时候,顺便接受了我们的访谈,使我们对杜老在培养人才方面的贡献有了初步了解。遗憾的是,由于对赵博士的访谈做得特别匆忙,内容没有单独呈现在本书中,而是融入了"特稿"部分。

感谢原苏州大学附属第一医院脑外科主任周岱教授、原苏州医学院附属第二医院院长包仕尧教授、原苏州医学院附属第一医院脑神经研究室研究员谈琪云老师、原苏州大学附属第二医院神经外科主任黄强教授、苏州大学附属第一医院神经外科主任王中教授、苏州大学附属第一医院脑神经研究室主任周幽心教授,以及苏州大学医学部放射医学和防护学院的专家们,他们都在百忙之中抽空接受了我们的访谈。他们丰富的治学经历、严谨的行事风范是我们后辈学人学习的财富。

为了尽可能突出访谈录的"东吴"色彩,也为了尽可能保留被访者的观点,我们很少对访谈录中的原话重新梳理撰写,基本是奉上了原汁原味的访谈实录,读者诸君有时候可能需要认真结合上下文才能看懂。

由于种种原因,我们没有能够到杜老学习、工作、生活过的东京进行实地探访,没有能够尝试对杜老在日本的同学、子女进行访谈,也没有能够联络更多杜老曾经的同事和学生进行访谈,所以无法更丰富立体地呈现杜老的精彩一生,这是本访谈录留下的最大遗憾。

感谢杜志红教授的摄影指导,他的两位研究生端心萍和禹慧同学娴熟地拍摄了整个访谈过程,杜老师的指导和端心萍同学的精心剪辑让访谈纪录片得以完美呈现。感谢缪妙、董静宇、冯阿鹏等同学协助我们整理访谈录音,确保了书稿主体按时完成。

感谢丛书主编田晓明教授,正是他的"历史责任感",才有了这项"抢救""保护"和"挖掘"东吴名医文化的工作。感谢承担整个系列具体工作的"苏州大学新媒介与青年文化研究中心"团队。特别感谢中心主任、我的导师马中红教授,考虑到我可能对带有苏州口音的普通话不太熟悉,并且是初次做这种"大部头"的访谈,马老师在百忙之中,亲自带我做完了整个访谈工作,在后期书稿整理过程中,高屋建瓴地划定了书稿的主旨,耐心细致地指导我完成了每一个工作步骤,让书稿能够及时面世。

朱庆华

2019年6月

主编　田晓明

田晓明，生于如皋，旅居苏州，心理学教授，先后供职苏州大学、苏州科技大学，现任苏州科技大学党委副书记、副校长。

副主编　马中红

马中红，江苏苏州人，苏州大学传播学教授，从事媒介文化、品牌传播研究。

副主编　陈霖

陈霖，安徽宣城人，苏州大学新闻学教授，从事媒介文化与文学批评研究。

图书在版编目(CIP)数据

杜子威访谈录 / 马中红,朱庆华著. —苏州:苏州大学出版社,2020.9
(东吴名家 / 田晓明主编. 名医系列)
ISBN 978-7-5672-2974-7

Ⅰ.①杜… Ⅱ.①马…②朱 Ⅲ.①杜子威—访问记 Ⅳ.①K826.2

中国版本图书馆 CIP 数据核字(2020)第 066274 号

书　　　名:	杜子威访谈录
著　　　者:	马中红　朱庆华
责任编辑:	薛华强
助理编辑:	成　恳
出版发行:	苏州大学出版社(Soochow University Press)
社　　　址:	苏州市十梓街1号　邮编:215006
印　　　刷:	苏州市深广印刷有限公司
网　　　址:	www.sudapress.com
邮购热线:	0512-67480030
销售热线:	0512-67481020
开　　　本:	787 mm×1 092 mm　1/16
印　　　张:	17.5
字　　　数:	294 千
版　　　次:	2020 年 9 月第 1 版
印　　　次:	2020 年 9 月第 1 次印刷
书　　　号:	ISBN 978-7-5672-2974-7
定　　　价:	99.00 元

若有印装错误,本社负责调换。服务热线:0512-67481020